Peter Grimm, Der verratene Verkauf

Peter Grimm, Bad Aibling, startete 1963 in der Würth-Gruppe als Verkäufer, arbeitete dann für die 3M-Company und kehrte anschließend in die Geschäftsleitung der Würth-Gruppe zurück. Seit zwanzig Jahren ist er selbstständiger Unternehmer und geschäftsführender Gesellschafter der *Peter Grimm Marketing GmbH*. Mit zwanzig Mitarbeitern betreut Peter Grimm heute Weltkonzerne ebenso wie Unternehmen aus dem Mittelstand, Handel und Dienstleistungen. Peter Grimm gehört zu den Hidden Champions. Mit dem Buch *Der verratene Verkauf* stellt er sein Erfolgssystem erstmals einem breiten Leserkreis zur Verfügung.

Peter Grimm

Der verratene Verkauf

Warum der Verkauf eine neue Identität braucht und wie er den Erfolg vom Zufall befreit

2. Auflage

Die Deutsche Bibliothek – CIP-Einheitsaufnahme

Ein Titeldatensatz für diese Publikation ist bei
der Deutschen Bibliothek erhältlich

ISBN 3-89749-058-7

2. Auflage 2001

Lektorat: Dr. Sonja Klug, Bad Honnef, und Ute Flockenhaus,
　　Fischerhude (b. Bremen)
Umschlaggestaltung: +Malsy Kommunikation
　　und Gestaltung, Bremen
Umschlagmotiv: Pictor International Bildagentur GmbH, München
Herstellung: Das Herstellungsbüro, Hamburg
Druck und Bindung: GGP Media, Pößneck

© 2000 GABAL Verlag GmbH, Offenbach
Alle Rechte vorbehalten. Vervielfältigung, auch
auszugsweise, nur mit schriftlicher Genehmigung des Verlages.

Verlagsinformationen:
Jünger Verlags Gruppe, Schumannstraße 161, 63069 Offenbach
Tel.: 069/840003-22 (-0), Fax: 069/840003-40, E-Mail: verlag@juenger.de

Inhalt

Vorwort – Die Geschichte zum Buch **7**

Teil I
Plädoyer für eine differenziertere Betrachtung des Verkaufs

1. Abschied vom Verkaufen? 15
1.1 Verkaufen in veränderten Märkten **15**
1.2 Der verratene Verkäufer? **21**
1.3 Der Verkauf – die unbekannte Dimension **27**

2. Der Einzige, der erpresst, ist der Kunde? 32
2.1 Verschiedene Leistungen im Service **32**
2.2 Kundenintegration **35**

3. Millionengrab Verkauf 38
3.1 Die Entwicklungspyramide **38**
3.2 Präzisierung des Verkaufs statt Blindleistungen **42**

4. Anforderungen an eine neue Verkaufskultur 46
4.1 Füchsisch oder häsisch – eine Marketing-Geschichte **46**
4.2 Die Gestaltung der inneren und äußeren Verkaufskultur **53**

Teil II
Das Know-how der Umsetzung

5. Den Erfolg vom Zufall befreien 63
5.1 Der Zusammenhang zwischen Erfolg, Lernen und Erfolgsgesetzen **63**
5.2 Die drei Erfolgsgesetze des intelligenten Verkaufs **68**
5.3 Die drei Kernthemen, um den Erfolg des Verkaufs vom Zufall zu befreien **73**

6. Das BetriebsSystem des Verkaufs 75
6.1 Die Forderung nach einem BetriebsSystem **75**
6.2 Customing und Difference-Modelling **77**
6.3 Die vier Basis-Anforderungen an das BetriebsSystem des Verkaufs **79**

7. MarktSpiele 83
7.1 Der Markt als Bühne **83**
7.2 Der Punkt der Wertschöpfung **85**
7.3 Die vier Basis-MarktSpiele **90**
7.4 Differenzierung der Basis-MarktSpiele **98**

8. **MarktSpiel-Profile im BetriebsSystem des Verkaufs 102**
8.1 Charakterisierung der vier MarktSpiele **102**
8.2 Emotion und Ratio **111**
8.3 Die MarktSpiel-begleitenden Faktoren **113**
8.4 Die Präzisierung der MarktSpiele **119**
8.5 Vier GrundSpiele und zwölf Mischformen als Kombinationen **120**

9. **Difference-Modelling: MarktSpiele definieren und präzisieren 122**
9.1 MarktSpiel-Analyse und Kundenbestimmung **122**
9.2 Das MarktSpiel-Tendenz-Profil **125**
9.3 Der Verkaufs-Anspruch **126**
9.4 Das Verhaltens-Tendenz-Profil **127**
9.5 Die Analyse Ihres MarktSpiels **129**

10. **Kunden gewinnen und Potenziale erweitern 133**
10.1 Kundenbefragungen **133**
10.2 Die ParKoM-Methode **138**
10.3 Das Kombinierte Verkaufs-Training **142**

11. **Die menschliche Seite des Erfolgs 150**
11.1 Maßstäbe des Erfolgs **150**
11.2 Rollenverständnis und RollenSpiel **156**
11.3 Die vier Basis-RollenSpiele im Verkauf **162**
11.4 Auswertungsbeispiele für Verhaltens-Tendenz-Profile **167**
11.5 Vier GrundSpiele und zwölf Mischformen im RollenSpiel des Verkaufs **173**
11.6 Vom Rollenverständnis zur Rollenkompetenz **174**

12. **Gedanken zur Verkaufsentwicklung 176**
12.1 Die acht wichtigsten Themen des Verkaufs **176**
12.2 Zielgruppenselektion und Kundenauswahl **177**
12.3 Sortimentsgestaltung und Angebotsbreite **178**
12.4 Die MarktSpiel-Intelligenz **179**
12.5 Angebots- und Nachfasskultur **180**
12.6 Service als Chance **182**
12.7 Eliminieren von Blindleistungen **184**
12.8 Empfehlungskultur: Der Königsweg im Vertriebsmarketing **186**
12.9 Die Zukunft des Verkaufs **188**

13. **Zusammenfassung: Alpha Keys im Customing-System 193**

Unser Service für Ihre Themen **196**

Verzeichnis der als eingetragene Warenzeichen geschützten Begriffe **200**

Literaturverzeichnis **201**

Stichwortverzeichnis **203**

Vorwort – Die Geschichte zum Buch

Da stand ich nun vor ihm. Ich war gerade 21, frisch verheiratet, hatte eine »Leerzeit« hinter mir und herzlich wenig Zukunftsperspektiven. Er war ein junger Mann mit durchdringendem Blick. Es war in den frühen Sechzigern. Für Mädchen waren junge Männer leicht zu unterscheiden: Die einen hatten ein Auto, die anderen hatten keines. Die mit Auto waren wieder in zwei Kategorien unterteilbar: Die einen bezahlten ihr Auto selbst, und die anderen hatten einen Firmenwagen, der sie nichts kostete. Außerdem führten sie ein lockeres Leben. »Reisevertreter« nannte sie Reinhold Würth. Bei ihm nämlich hatte ich mich beworben.

Reinhold Würth musterte mich abschätzend: »Es könnte vielleicht klappen ...« Es klappte. So wurde ich Verkäufer im Außendienst jener kleinen Schraubenhandlung am Künzelsauer Bahnhof und zählte zu der kleinen Truppe, mit der die Würth-Geschichte, diese fast unglaubliche Erfolgs-Story, begann.

Der Start bei Würth

Die Ausbildung bestand aus einer Woche Lager. Es galt, Artikelnummern zu lernen und Schrauben von Muttern unterscheiden zu können. Wie misst man eigentlich eine »Schlossschraube«, und was bitte ist eine »Stoppmutter«?

Dann ging es in den Verkauf. Ernst Knoch hieß mein Mentor. Er war ein »alter Hase«, immerhin schon etwas über 30. So lernte ich »verkaufen«.

Was das aber wirklich ist, beschäftigte mich mein ganzes Leben lang. Es scheint so einfach zu sein – und ist es ja manchmal auch

Was ist »Verkaufen«?

tatsächlich. Möglicherweise ist Verkaufen nur deshalb im Spannungsfeld zwischen Ablehnung und Faszination, weil das Wort selbst schlechthin Synonym für »Erfolg« ist. Erfolg zu haben ist nun einmal ein Teil unserer Lebensaufgaben. Was übrigens nicht heißt, dass wir für unseren Erfolg das Leben aufgeben sollten.

Von Karlsruhe über Saarbrücken nach Trier, Koblenz, Heidelberg, Pforzheim – das war mein Reich. Als ich im Zuge der Gebietstrennung die Hälfte dieses Gebietes verlor, glaubte ich verhungern zu müssen. Trotzdem stieg der Umsatz.

Mein rund dreijähriger Verkaufsstart bei Würth war der Schlüssel zu vielen Erkenntnissen und meine eigentliche Lehrzeit. Da war aber irgendetwas in mir, dem die von Reinhold Würth so gepriesene Umsatzfaszination einfach nicht reichte. Irgendetwas bohrte in mir und führte mich dazu, einfach mehr wissen zu wollen.

Diese Unruhe ließ mich Würth verlassen, um die Geheimnisse der Betriebswirtschaftslehre kennen zu lernen. Begleitend volontierte ich im Vertrieb bei L'Oreal in Karlsruhe und lernte dabei einen Kernsatz der Kosmetik verstehen: »Was man nicht vertuschen kann, kann man nur noch betonen ...«. Erst später begriff ich, dass diese Weisheit in vielen Firmen eine Erfolgsmethode ist.

Der motivierend erfolgreiche Abschluss meiner betriebswirtschaftlichen Bemühungen veranlasste mich, ein Abendstudium zum Werbefachmann anzuschließen. Immerhin erschienen mir Verkaufen und Werben artverwandt zu sein, auch wenn die Realität in den Unternehmen zeigt, dass sehr häufig der Verkaufsleiter und der Werbeleiter noch nicht einmal miteinander reden. Und wenn, dann doch nur höchst selten über gemeinsame Strategien.

Fortsetzung bei 3M Danach ging ich wieder in den Verkauf, diesmal in ein Weltunternehmen (was Würth ja erst noch werden sollte), zu 3M – Minesota Mining Manufacturing Company. Nach unterschiedlichen Aufgaben in Verkauf und Verkaufsführung holte mich 3M in die Zentrale nach Düsseldorf. Meine neue Aufgabe war Vertriebsentwicklung und Verkaufstraining.

Dieter Joop war schuld. Er traute mir das zu. Noch heute ist er, inzwischen über 70, ebenso engagierter Mitstreiter unseres Teams wie auch fordernder und fördernder Ratgeber. Es gibt auch gute Chefs. Dieter Joop war einer von ihnen. Danke!

Mit Enthusiasmus, Feuer und viel Lernbereitschaft startete ich meine neue Aufgabe: zuerst im Bereich »Retail-Products«, bald aber bereichsübergreifend im Verkaufs- und Management-Training, was bei 3M nach so kurzer Zeit damals einer herausragenden Auszeichnung gleichkam.

Helmut Erbrecht, mein Fachvorgesetzter, gab mir besondere Verantwortung: Ich übernahm den Gesamtbereich Programmentwicklung für das Management- und Verkaufstraining.

Mir standen alle Datenquellen offen. Ich lernte, hielt Seminare, entwickelte und lernte wiederum. Ich begriff, dass die Gesprächs- und Verhaltens-Techniken für »aktives Verkaufen« (Bedarfsdeckendes Kaufen seitens der Kunden hat mit dem, was hier unter »Verkauf« verstanden wird, wenig oder nichts zu tun!) vorwiegend aus der Psychotherapie entlehnt sind. Dort wurden sie für die »Kommunikation unter erschwerten Zusammenhängen« entwickelt, was ja für den Verkauf durchaus oft genug ebenfalls zutrifft, wenngleich auf anderer Ebene.

Was offensichtlich fehlt, ist eine *eigens für den Verkauf* entwickelte ganzheitliche »Erkenntnis-Plattform« in Form eines »*BetriebsSystems*«, auf dessen Basis die sachlichen und kommunikativen Vorgänge des Verkaufs vom Zufall befreit ablaufen können. Mehr darüber in diesem Buch.

Dem Verkauf fehlt eine Grundlage

1974 sollte für mich wieder eine Lebenswende eintreten: Erneut traf ich Reinhold Würth. Wir philosophierten über die Themen »Verkaufsprobleme« und »Verkaufs-Know-how« für sein sich entwickelndes Unternehmen.

Schweren Herzens kündigte ich bei 3M und trat zum 1. Januar 1975 zum zweiten Mal in das Unternehmen Würth ein. Diesmal war ich Reinhold Würth unmittelbar unterstellt.

Erneut bei Würth Kurz nach meinem Wiedereintritt offenbarte sich mir eine für mich recht schmerzliche Erkenntnis: Würth ging es damals nicht besonders gut. Die Führungskräfte des Verkaufs, die Distriktleiter, hatten oft kummervollste Mienen, noch mehr der Finanzchef Otto Beilharz.

Reinhold Würth bot den Distriktleitern an, sich mit einem Teil ihrer ganz gewiss nicht unerheblichen Einkommen am Unternehmen zu beteiligen. Keiner nahm an. Welch ein Versäumnis aus heutiger Sicht! Stattdessen brachten sie an jedem Ersten ganz schnell ihre Schecks zur Bank …

Für mich aber entwickelte sich die Situation recht gut. Ich durfte tun, was ich wollte, niemand redete mir herein. Das Einzige, was Reinhold Würth von mir verlangte, war Erfolg. Das hielt ich auch strikt ein. 1978 »verließ« ich Würth zum zweiten Mal. Diesmal, um mich selbstständig zu machen – mit Würth als erstem und sehr langjährigem Kunden, versteht sich.

Fazit Ohne meine Würth-Erfahrung und ohne meine 3M-Zugehörigkeit wäre nichts von dem entstanden, worüber in diesem Buch berichtet wird. Es ist geschrieben mit jenem Geist der Unruhe und des Wohlwollens für alle, die das Gespür dafür haben, dass die Kunst, sich Nachfrage zu verschaffen (genau dies leistet der Verkauf), schon immer der Motor firmenkonjunktureller Entwicklungen war und künftig verstärkt sein wird.

Der Verkauf braucht eine neue Systematik Eine schlechte Vertriebsarbeit schafft keine Arbeitsplätze, sondern vernichtet bestehende. Insofern hat das Thema durchaus gesellschaftspolitische Bedeutung. Hinzu kommt, dass die Spielregeln der Informationsgesellschaft und die zunehmende Vergleichbarkeit der Produkte und Dienstleistungen verlangen, den Verkauf neu zu betrachten und ihm eine *eigene, speziell für ihn geschaffene Systematik* zu geben.

Genau diese fehlt nämlich, weil die heutige Verkaufsbetrachtung ein zu diffuses Konglomerat aus Produktorientierung, Branchenabgrenzung, Psychologie, Marketing und Erfolgsphilosophie darstellt.

Zwar sind die damit verbundenen Einflüsse alle richtig und wichtig; sie wurden aber bisher nie in einem dem Verkauf und seinen unterschiedlichen Anforderungen gerecht werdenden, speziellen *Denksystem* fokussiert.

Das wird mit diesem Buch geleistet.

Der erste Teil des Buches soll die Notwendigkeit der Entwicklung des Verkaufs bewusster machen. Der zweite Teil versteht sich als Beitrag zur Schaffung eines differenzierteren Verständnisses des Themas »Vertriebsmarketing« in Verbindung mit einer besonderen Betrachtung des Verkaufs und der damit verbundenen Erfolgsprozesse.

Teil I

Plädoyer für eine differenziertere Betrachtung des Verkaufs

1. Abschied vom Verkaufen?

1.1 Verkaufen in veränderten Märkten

Gibt es im Zeitalter des Internet und der vernetzten Marktpartner künftig noch Verkäufer – und müssen wir wirklich Abschied vom Verkaufen nehmen? *Edgar K. Geffroy* wird verzeihen: Es ist genau umgekehrt. Wir haben ja noch nicht einmal eine exakte oder gar einheitliche Vorstellung davon, was »Verkaufen« eigentlich ist.

Wir haben schon Mühe damit, eine einheitliche Vorstellung darüber zu entwickeln, über was wir reden, wenn wir über den »Verkauf« diskutieren.

Auch im Umgang damit, sich verkaufsbezogen gegenseitig materiellen und ideellen Nutzen zu bieten, haben wir noch viel Nachholbedarf. Wir denken linear und schlussendlich doch ziemlich egoistisch. So sind wir es gewohnt – und es ist verdammt schwer, die damit verbundenen Denkprozesse in neue Bahnen zu lenken.

Nachholbedarf im Nutzendenken

Dies beginnt schon bei der gewohnten Art, über Erfolg nachzudenken. Erfolg wird bei uns einseitig als Zielerreichung definiert. Ein Ziel zu erreichen, setzt verständlicherweise voraus, überhaupt eines zu haben. Dies ist die heilige Kuh, um die sich alles dreht: Ziele, Ziele, Ziele.

Daran wäre nichts falsch, wenn wir die richtigen Zielmaßstäbe

Einseitige Konzentration auf Umsatz und Ertrag

bzw. die bessere Zielorientierung für den Verkauf hätten. Das »ewige« Wachstum früherer Zeiten erlaubte und förderte die Konzentration auf Umsatz und Ertrag.

Eine der damit verbundenen unangenehmen, weil Image schädigenden Folgen waren jene »tumben, umsatzbolzenden Verkäufer«, die wenig Vorbildung, dafür aber möglichst psychologisch motivierte »Verkaufstechnik« brauchten und bei denen ansonsten das Denken eher erfolgskillend war.

Zunehmend wurde in Verbindung mit den wirtschaftlichen Veränderungen erkannt, dass Umsatz und Gewinn nur die eine Seite der Medaille sind. Die andere besteht in der Konzentration auf das, was sich als Folge daraus entwickeln soll. Diese Erkenntnis, so einfach sie klingen mag, eröffnet eine ganz andere Dimension – eine, die Zeit und Raum für Evolution lässt.

Das sattsam bekannte Umsatz- und Zielerreichungs-»Tätärä« früherer Verkaufsfürsten konnte sich doch nur deshalb so lange erfolgreich halten, weil es sich in leer gefegten, vakuum- und wachstumsbestimmten Märkten – z. B. nach dem Zweiten Weltkrieg – als eingängige Erfolgsformel für den Aufbau von Unternehmen anbot.

Der Verkauf braucht neue Werte ...

Wir aber leben heute in einer komplexen, intelligentere Differenzierungen suchenden Welt, in der auch der Verkauf neue Werte und der Begriff »Erfolg« eine zeitgemäße Definition braucht.

Semantisch weist uns ja schon das Wort »Erfolg« den Weg und sagt uns, dass Erfolg das ist, was aufgrund unseres Verhaltens *erfolgt*. Erfolg ist also die Folge unseres Verhaltens, unseres Tuns oder Lassens. Im Veränderungsprozess unserer Zeit zeigt sich auch immer deutlicher, was hier gemeint ist:

> **Solange wir Umsatz, Gewinn und Einkommen als erste Ziele sehen, folgen wir dem *Gesetz des abnehmenden Ertragszuwachses*. Mit anderen Worten: Wir müssen immer mehr umsetzen, um genauso viel zu erreichen wie früher.**

Statt einseitig nach Umsatz und Ertrag zu hecheln, wäre es demnach klüger zu fragen, was gedacht, getan, *ver-ursacht* werden müsste, um die erwünschten Ergebnisse als Folge des damit verbundenen Verhaltens zu ernten.

Die Zielorientierungen müssten sich demnach gewaltig ändern. Dies wäre dann auch ein gewiss nicht unerheblicher Beitrag für das so oft geforderte verantwortlichere Verhalten der Einzelnen und der Unternehmen.

... und neue Zielorientierungen

Werteoptimierung statt Egoismus könnte eine der Folgen dieser Betrachtung sein, um in Folge »Mehrwerte« als Wertschöpfung zu erzeugen. Diesem Denken gehört die Zukunft. Wer diese Dimension nicht begreift oder begreifen will, verspielt den langfristigen Erfolg. Das ist sicher. Bereits viele Vordenker erkennen diese Dimension unserer kommenden wirtschaftlichen Entwicklung.

Hand in Hand mit der Gesamtentwicklung unserer Wirtschaft zeigen sich so auch in Bezug auf das Verkaufen immer deutlicher die Konturen eines drastischen Wandels mit der Qualität eines *Paradigmenwechsels im Verkauf*. Dies bedeutet, dass wir uns mitten in einer Neuorientierung befinden und uns von vielen Vorstellungen darüber verabschieden müssen, wie sich Verkaufen in der Zukunft gestalten wird. Warum?

Notwendiger Paradigmenwechsel im Verkauf

Weil wir in allen anderen Disziplinen unternehmerischen Handelns schon längst die neue Dynamik der Veränderungsprozesse erlebt haben. Dieser Prozess der Neubesinnung erfasst alle und alles: von der Wissenschaft bis zur Wirtschaft, von der Politik bis zum Marktgeschehen.

Ein Veränderungsprozess erfasst Wirtschaft und Gesellschaft

Der Prozess selbst ist die zu lösende Aufgabe. Die Strukturveränderungen unserer Zeit, das Thema Globalisierung, das Abkoppeln der Konjunktur von der Beschäftigungslage sind ebenso Zeichen dafür wie die Tatsache, dass wir heute in einem Heer von Arbeitslosen verzweifelt Mitarbeiter suchen, mit denen wir die Zukunft gestalten können.

Vom linear-mechanistischen Weltbild sind wir in die Dynamik chaotisch-energetischer Prozesse geraten. Die Ereignisse überschlagen sich und die »Utopien des Vormittags sind die Realitäten des Nachmittags«, wie Lichtenberg treffend bemerkte.

Die Entwicklung seit dem Zweiten Weltkrieg

Betrachten wir diese Entwicklung einmal etwas genauer: Es ist jetzt fast ein ganzes Lebensalter nach Beendigung des Zweiten Weltkriegs vergangen. Vielen ist nicht bewusst, dass es in Zentraleuropa – mit Ausnahme der schrecklichen Ereignisse im ehemaligen Jugoslawien, den Kriegen im Kosovo und anderen – noch nie eine so lange Friedenszeit gab.

Die Technik hat sich seit dem Zweiten Weltkrieg weiterentwickelt und die Produktion von Waren und Gütern stellt kein Problem mehr da. Alles, was wir hier zu Lande an Lebensnotwendigem brauchen, haben wir demzufolge, und zwar im Überfluss.

Wir haben alles im Überfluss. Wer also will uns noch etwas verkaufen?

Die Sättigung der Märkte

Wir haben doch alle ein oder mehrere Auto(s), Fahrräder, Fernseher, einen Kühlschrank, eine Tiefkühltruhe usw. Was wir heute kaufen, gehört entweder zum täglichen Bedarf, wie Nahrungsmittel, oder ist Ersatzbedarf und Luxus. Innovationen der Elektronik (EDV, Handys etc.) zeigen, dass neue Bedürfnisse am ehesten im Zusammenhang mit Kommunikation und Information erwachsen.

Im Klartext bedeutet dies, dass wir heute unter völlig anderen Voraussetzungen wirtschaften, arbeiten, denken und handeln, als dies in der »Vakuumzeit« leer gefegter Märkte (nach den beiden Weltkriegen) möglich und erforderlich war. Die Voraussetzungen – und damit auch die Spielregeln – haben sich geändert.

Der Krieg sei der Vater aller Dinge, lehrte uns der griechische Philosoph Heraklit. Denn abgesehen von den schrecklichen menschlichen Opfern war es zu allen Zeiten der Krieg, der als eiserner Besen das Neue hervorbrachte. Die Inder kennen den Gott Shiva. Er ist der Gott der Zerstörung – aber auch der Gott des Aufbaus.

Vier wirtschaftliche Phasen lassen sich unterscheiden:

Wirtschaftliche Phasen nach dem Zweiten Weltkrieg

1. Etwa von 1948 bis Mitte der Sechziger dauerte die »Vakuumzeit«, in der die Nachfrage das Angebot weit überstieg. Der Bedarf war der Motor der konjunkturellen Entwicklung. Danach wurde der Wettbewerb spürbarer.
2. Mitte der Siebzigerjahre kam eine neue Qualität hinzu: der Verdrängungswettbewerb, der seinen Höhepunkt in der zweiten Hälfte der Achtziger erreichte.
3. Es folgte in Deutschland die Zeit der Wiedervereinigung, die nochmals für einige Jahre in Ostdeutschland Zustände hervorbrachte, die der »Vakuumzeit« glichen.
4. Seit etwa 1994 kämpfen wir in einem zunehmend härter werdenden *Vernichtungswettbewerb*.

Der Vernichtungswettbewerb

Vernichtungswettbewerb heißt: Arbeitsplätze werden vernichtet, Firmen, die den Strukturwandel nicht bewältigen, gehen in Konkurs, das Preisverhalten der Konkurrenten untereinander ist ruinös usw. Wir haben den Krieg, den wir Gott sei Dank nicht mehr in seiner »heißen« Form erleben müssen, in die Wirtschaft verlagert.

Die Großunternehmen und Konzerne rüsten sich für kommende globale Auseinandersetzungen durch Fusion. Riesige Wirtschaftsgiganten entstehen, und man darf gespannt sein, ob diese Flucht in die Supergröße wirklich der Weisheit letzter Schluss sein wird.

Ich persönlich bezweifle dies außerordentlich. Bedenkt man die alte Geschichte zwischen David und Goliath, so lautet die entsprechende Formel heute: *Intelligenz contra Macht*.

Die schiere Größe wird in nicht allzu ferner Zukunft problematischer werden, als wir uns dies heute vorstellen können.

David gegen Goliath: Intelligenz contra Macht.

Auch die Phase des Vernichtungswettbewerbs ist nicht für alle Zeiten festgeschrieben. Es wird sich eine völlig neue Wirtschaftsära entwickeln, deren Mechanismen und Konsequenzen wir erst noch verstehen lernen müssen.

Veränderungen in den letzten Jahren

Allein die Veränderungen, die in den letzten ca. zehn Jahren in den Unternehmen bewältigt werden mussten, sind Legion:

- **ISO 9000 und Euro-Norm:** Wie viel Hoffnung wurde darauf gesetzt, wie viel Geld und Zeit investiert, um dieses Dokumentationssystem einzuführen und die damit verbundene Zertifizierung zu erreichen! Unter ISO-zertifizierten Unternehmen verliert man inzwischen Freunde, wenn man nach dem Wettbewerbsvorteil der Zertifizierung fragt.

- **Lean-Management** und flache Hierarchien wurden eingeführt, der Bürokratismus abgespeckt. Im Gegenzug war aber auch zu beobachten, dass gute Mitarbeiter die Unternehmen verließen und schlechte kamen.

- Die Einführung des **Just-in-time-Konzepts** und der Logistik der Logistik veränderte wirklich eine Welt – auch im Hinblick auf das Verhältnis der Kosten zur Effizienz.

- **Kaizen** als kontinuierlicher Verbesserungsprozess: Führt der Weg vom Abkupfern auf die Überholspur? Ganz gewiss nicht für alle. Wer immer nur in den Fußstapfen anderer geht, kann nicht überholen.

- **Business-Prozess-Reengineering und andere Managementphilosophien** brachten beeindruckende Erfolge und bauten Hierarchien ab. Empowerment war angesagt. Befugnisse wurden an Mitarbeiter delegiert, Verantwortung übertragen. Vieles aber scheiterte in der Umsetzung, weil die Mitarbeiter gar nicht so viel Verantwortung übernehmen wollten. Abgesehen davon können Hierarchen abgelöst und verändert, nicht aber völlig abgeschafft werden.

- **Lean-Production:** Wir lernten auch die schlanke Produktion. Die fraktale Fabrik mit teilautonomen Arbeitsgruppen statt Einzelkämpfern wurde Realität. Der Verkauf aber blieb von solchen Entwicklungen weitgehend »verschont«, vermutlich deshalb, weil es für viele unvorstellbar ist, die gleiche Präzision, die heute in Produktion und Betriebswirtschaft überall selbstverständlich ist, auch auf den Verkauf zu übertragen.

Ist es unvorstellbar, dass der Verkauf so präzise wie Produktion und Logistik abläuft?

So leben viele Verkäufer auch heute noch von einmal errungenen Marktpfründen. Aber die Effizienzfragen werden auch vor dem Verkauf nicht Halt machen – ganz im Gegenteil. Wir stehen also nicht vor dem »Abschied vom Verkaufen«, sondern vielmehr vor dem Aufbau einer neuen Verkaufskultur.

Wir stehen vor einer neuen Verkaufskultur

Dies wird die zentral zu leistende Aufgabe aller Unternehmen sein, denn sie sind darauf angewiesen, auf Dauer ihren Markt zu gestalten, ihre Kunden zu halten, Anziehungskraft zu entwickeln und Erfolg in einer neuen Dimension zu erreichen.

1.2 Der verratene Verkäufer?

Verkaufen ist vermutlich die einzige qualifizierte Tätigkeit, die man ohne spezielle Qualifikationen dafür ausüben kann.

Verkaufen: eine qualifizierte Tätigkeit ohne Qualifikation?!

Als Vorgang ist der Verkauf letztlich nur als Ablauf »Ware bzw. Dienstleistung gegen Bezahlung« definiert, also mechanisch, funktional. »Verkäufer« haben noch nicht einmal eine solche Basisdefinition.

Der Verkauf kennt kein Studieren

Im *Duden Bedeutungswörterbuch* (Bd. 10, Mannheim) steht es so:
»*Der/die Verkäufer/in:*
1. *Angestellter bzw. Angestellte in einem Geschäft, der/die Waren verkauft:* Er/sie ist Verkäuferin in einem Schuhgeschäft. *Sinnv.: Gehilfe, Handelsgehilfe, Verkaufsberater, Verkaufsleiter.*

2. *Männliche bzw. weibliche Person, die (als Besitzer/in) etwas verkauft*: der Verkäufer des Hauses; die Verkäuferin von Tonwaren auf einem Markt.«

Was alle anderen Berufe auszeichnet und bei den Hochschulen durch Leistungsscheine, Diplome, Verleihung akademischer Würden, Doktorarbeiten etc. nahezu mystisch verklärt und rituell inszeniert wird, fehlt dem Verkauf und damit auch dem Verkäufer. Wie soll sich da ein positiver (Berufs-)Stolz entwickeln?

Incentives als Ersatz für fehlendes Image

Kein Wunder, dass wohl auch deshalb Incentives als Ersatzhandlung so gut funktionieren! Vielfach bieten sie den Ersatzrahmen für fehlendes Image.

Marketing kann man studieren, Verkaufen nicht. Vermutlich auch deshalb nicht, weil es wirklich nicht leicht ist, sich einen Uni-Professor mit Vertreterkoffer in der Hand vorzustellen, der mit dem Verkauf von Waren oder Dienstleistungen sein Geld verdienen muss.

Marketing und Vertrieb getrennt

Vom Verkauf wird bestenfalls als der »Speerspitze des Marketings« gesprochen. Aber in vielen Unternehmen sind Marketing und Vertrieb strikt getrennt. Es ist überhaupt nicht selbstverständlich, dass sich der Marketing-Verantwortliche mit dem Verkaufs-Verantwortlichen unterhält und umgekehrt. Es gibt Marketing-Leute, die kennen noch nicht einmal die wichtigsten Akteure des eigenen Außendienstes.

Verkauf und Verkäufer: beruflich einsam, heimatlos und ohne Lobby?

Verkauf und Verkäufer sind unterbewertet

Der Verkauf hat keine Lobby und der Verkäufer keine geistige Heimat, weshalb er sich so wenig profilieren kann. Handwerker sind über Innungen, Handwerkskammern und Handwerksverbände organisiert. Für alles und jedes gibt es eine Lobby. Der Verkauf und der Verkäufer bleiben jedoch allein.

Wo aber eine geistige Verwurzelung, eine geistige Heimat und eine entsprechende Lobby fehlen, kann sich kein positives Zugehörigkeitsgefühl entfalten. Entsprechend niedrig ist die Wertigkeit des Verkaufs und erst recht die des Verkäufers.

Der *Duden* definiert in seinem *Bedeutungswörterbuch* den Begriff »verkaufen« so:
> *»verkaufen:*
> *abgeben, absetzen, abstoßen, andrehen, für einen Apfel und ein Ei verkaufen, aufschwatzen, feilbieten, feilhalten, zu Geld machen, handeln, hausieren, zum Kauf anbieten, loswerden, machen in, an den Mann bringen, auf den Markt werfen, in klingende Münze umsetzen, umsetzen, veräußern, verhökern, verkitschen, verkümmeln, vermarkten, verramschen, verschachern, verscherbeln, verscheuern, versteigern, vertreiben.«*

Folgerichtig führt *Hubert Wagner* in seinem Buch *Die Wiederentdeckung des Verkäufers* aus:
> »Es wäre bestimmt sehr reizvoll, den Komplex ›Der Stellenwert des Verkaufs im gesellschaftlichen Leben in Deutschland‹ zu untersuchen, um die für unser Wirtschaftsleben nachteiligen Symptome wirkungsvoll therapieren zu können.
> Die gesellschaftliche Unterbewertung ist eine gravierende Hauptursache für das zögerliche Verhalten der Fach- und Hochschulabsolventen, den direkten Weg in den Verkauf, also in den Außendienst, zu wählen.
> Viel attraktiver und dynamischer erscheint ihnen der Einstieg in Marketing, Markt-Forschung, Marktuntersuchungen, Werbung etc. Diese Unternehmensbereiche versprechen Dynamik und modernes Image.«

Oberflächliches Verkaufstraining

Diejenigen, die doch in den Verkauf gehen, werden, sofern sie kein systematisches Trainee-Programm durchlaufen, nach einer kurzen Anlernphase und ein paar Tagen Verkaufstraining »fit« gemacht. Dann stürzt man sich auch schon mit »erfahrenen Kollegen« ins Umsatzgetümmel. Entsprechend hoch ist die Quote derer, die bereits im ersten Jahr nach Verkaufsantritt scheitern.

Die Einarbeitung in den Verkauf ist kurz und oberflächlich. Nach einer Schnellschulung muss sich der Verkäufer sofort ins Umsatzgetümmel stürzen.

Zum Thema »erfahrene Kollegen«

Da es grundsätzlich an den wesentlichen Voraussetzungen für systematisierten Verkauf und einer damit verbundenen Ausbildung mangelt, weiß natürlich auch der »erfahrene Kollege« wenig darüber, warum er Erfolg hat. Vielleicht ist er ein Genie der Kontaktgestaltung, vielleicht aber auch »nur« ein braver Arbeiter – er weiß es eben nicht.

Verkaufsbezogen mag der erfahrene Kollege erfolgreich sein. Aber die damit verbundenen Fähigkeiten hat er in unbewusster Kompetenz erworben, so dass er diese eben nur sehr eingeschränkt kennt. Was also will er dann auf bewusster Ebene dem Neuen mit auf den Weg geben? Da der eine nicht weiß, warum er Erfolg hat, und der andere nicht gelernt hat, worauf er achten soll, kann man mit Fug und Recht davon ausgehen, dass diese »Lernsituation« einfach unbefriedigend bleiben muss.

Personalentwickler ohne Verkaufserfahrung

Viele »Trainer«, aber auch Personalentwickler, die für die Weiterbildung der Verkäufer eingesetzt werden, waren selbst nie im Verkauf, wurden noch nie von einem Kunden »rausgeschmissen« – und mussten nie zum nächsten Kunden wieder motiviert und voller Elan hineingehen. Sie haben die damit nun einmal zwangsläufig verbundenen Schmerzen ebenso wenig erlebt wie die speziellen Erfolgserlebnisse, die Verkäufer übrigens nicht nur beim Abschluss, sondern auch nach einem gut geführten Gespräch haben.

Sicher, Personalentwickler leisten gute Arbeit. Wenn aber versucht wird, mangelndes Vertriebs-Know-how über die Personalentwicklung zuzuführen, dann ist sie damit einfach überfordert.

Die Personalentwicklung taugt zur Vertriebsentwicklung ungefähr so gut wie Beamte zu Unternehmern.

Bildungsarbeit contra Erfolgsmanagement

Wohlgemerkt: Diese Aussage richtet sich nicht gegen Bildungsförderung. Aber man muss doch endlich begreifen, dass und wie sehr sich Bildungsarbeit von Erfolgsmanagement abgrenzt!

Was nützt denn das beste Verkaufstraining, wenn das MarktSpiel des Unternehmens nicht (mehr) stimmt und über Seminararbeit der unsinnige Versuch gemacht wird, dies zu kompensieren? Wie aber soll dies ein möglicherweise auch noch sozialkaritativ eingestellter Bildungsverwalter erkennen?

Es ist schon etwas dran:

**DenkMal.
Wenn im Veränderungsprozess unserer Zeit der Vertrieb neue Lösungen braucht, aber altes Denken und hilflose Helfer die Akteure zahnlos machen, muss dem Verkauf notgedrungen der Biss fehlen.**

Wird der Unterschied zwischen Bildungsarbeit und Erfolgsmanagement nicht beachtet, so wird oft in guter Absicht munter drauflostrainiert. Outdoor-Trainings genauso wie Indoor-Trainings und jede andere Trainingsform, vor allem nebulöse »Persönlichkeitstrainings« dienen angeblich der Umsatzsteigerung und der Effizienzverbesserung.

Hauptsache, die Resonanz ist gut, und es hat keinem geschadet. Wirklich nicht? *Bärbel Schwertfeger* hat in ihrem Buch *Der Griff nach der Psyche* mit Nachdruck auf die Gefährlichkeit von Persönlichkeitstrainings hingewiesen. Dem ist nichts hinzuzufügen. **Dubiose Weiterbildungsseminare**

Viele »Weiterbildungsseminare« für den Verkauf und für die Verkäufer sind oft nichts anderes als sozialkaritative Maßnahmen, die der Gewissensberuhigung der Geschäftsleitung dienen, auch hier nichts versäumt zu haben. Oder dient das heutige Verkaufstraining doch nur als *Sanierungsaufwand* für fehlende Grundlagen oder morsches Verkaufs-Know-how?

Dass die meisten aller im Vertrieb auftretenden Probleme (siehe auch Kapitel 6) in keiner Weise von den Verkäufern zu verantworten oder gar zu lösen, sondern in Wirklichkeit ungelöste Managementfragen sind, fällt auf diese Weise wenig auf.

Seminare lösen keine Probleme, und Trainings machen keine Sieger.

Was Seminare nicht leisten können

Seminare vermitteln das erforderliche Wissen und Training; sie bereiten die Umsetzung neuer (Verhaltens-)Wege in der Praxis vor – nicht mehr und nicht weniger. Keinesfalls aber kann Trainings- oder Seminararbeit Ersatz für ungelöste Probleme und Fragen der Unternehmensstrategie sein.

Stimmt z. B. die Preispolitik des Unternehmens nicht (mehr) und versucht man, dieses Thema dann auf die Sales-Force abzuwälzen nach dem Motto »der Preis ist nicht das Wichtigste«, dann bestätigt sich auch in diesem Zusammenhang das Wort vom »verratenen Verkäufer«.

Zugegeben, es gibt eine Menge Probleme mit den VerkäuferInnen. Sie sind einerseits wirklich die Juwelen des Unternehmens:

»Verkäufer sind die Juwelen des Unternehmens, die man mit Fassung zu tragen hat.« (Dr. Manfred Schütte)

Andererseits gibt es durchaus noch die dümmlich-niveaulosen Repräsentanten einer längst vergangenen Verkäufergeneration, die – obwohl eigentlich schon Dinosaurier – doch noch immer weitermachen. Nicht selten deshalb, weil das Unternehmen keine besseren Verkäufer findet. Dies ist in der Tat ein Problem.

Das überholte Verkäufer-Image

Wenn man aber wirklich erkannt hat, dass der Anspruch an Niveau und Ausbildung für alle die Bereiche des Verkaufs, die auch künftig *den Menschen* benötigen, drastisch steigt, dann müssen wir dem Verkauf auch ein entsprechendes Image und erwünschten Verkäufern eine geistige Heimat mit echter Zukunftsfaszination geben.

Das Bild des »allzeit funktionierenden, immer positiv denkenden, mit Incentives gedopten, mit hungriger Zufriedenheit ausgestatteten, auch ein bisschen tumben Verkäufers, der enthusiastisch seinen Umsatz per *loveselling* macht«, passt nicht mehr.

Wenn der Verkäufer darüber hinaus – ohne jemals wirklich darauf vorbereitet worden zu sein – durch (un)verschämten Etikettenschwindel zum »Beziehungsmanager« oder »Erfolgsgestalter« seiner Kunden hochstilisiert wird, ist er wahrhaft *verraten*. Sollte es den Verkäufer in dieser Form auch in Zukunft geben, dann wäre er in der Tat ein wirklich armer Hund.

Nicht, dass am »Beziehungsmanager« oder »Erfolgsgestalter« irgendetwas falsch wäre, nein! Aber diese Supermenschen des Verkaufs kann es nur vereinzelt geben. Helden waren immer Spezialisten. Nur Genies können alles.

Wenn es also ernst werden soll mit all diesen schön klingenden neuen Aufgabenbeschreibungen für den Verkäufer, dann müssen wir das ganze Verkaufsumfeld neu durchdenken und die Weichen für diese neuen Herausforderungen stellen, bevor uns eine Welt ohne Verkäufer endgültig das Gruseln lehrt.

Neue Weichenstellungen für die Zukunft

Dann bliebe es am Ende wirklich und durchgängig beim *verratenen Verkäufer*, mit dessen Untergang uns allen auch ein Stück Lebensqualität genommen werden würde.

1.3 Der Verkauf – die unbekannte Dimension

Wie man sich auch dazu stellt: Der Verkauf steht zur Disposition, der Aufbruch kündigt sich an, und das Marktgeschehen ist sein Anwalt. Provozierend und dringend werden neue Antworten gefordert.

Der Verkauf steht zur Disposition

Alle bisherigen Erklärungen, Definitionen, Be- und Umschreibungen für »das Verkaufen« werden fragwürdig – ja, sind es schon.

Vielleicht hilft eine Rückbesinnung auf das Wesen des Verkaufs, denn solange wir keine gemeinsame Vorstellung dazu entwickeln, was der innere Kern eines Vorgangs ist, so lange kann sich auch keine gemeinsame Basis für die Zukunft entwickeln.

»Verkaufen ist die größte von Menschen geleitete Kraft«, lehrte uns Frank Bettger.

Die Hardliner unter den Ingenieuren und »Rationalytikern« müssen bei diesem Satz völlig ausflippen, aber Frank Bettger hat Recht. Wie sonst kam das Feuer in die Hände der Menschen zu deren Nutzen, wenn nicht irgendjemand in grauer Vorzeit den Mut besessen hätte, es seinen Stammesbrüdern nahe zu bringen?

Der erste Verkäufer

Man muss sich das konkret vorstellen: Feuer konnte nur auf drei Arten zu den Menschen kommen: durch vulkanische Ereignisse, durch Blitzschlag bei Unwettern und durch Götter, die vom Himmel kamen (Däniken lässt grüßen).

Konzentrieren wir uns einfach einmal auf gewitterbedingte Blitzschläge, wobei wir davon ausgehen dürfen, dass Naturgesetze unbekannt waren. Wir dürfen auch davon ausgehen, dass dort, wo natürliche Erklärungen fehlen, sich das Übernatürliche und auch das Okkulte Raum schaffen und ebenso die Religion. »Religio« kommt von »Rückbesinnung«. Auf wen wohl damals? Natürlich auf die Götter, die alles und jedes auf der Erde überwachten und die guten und die bösen Taten zum Anlass nahmen, zu belohnen oder zu bestrafen.

Bei Gewittern zürnten die Götter den Menschen. Denn dort, wo ein Blitz einschlug, war nichts mehr wie zuvor. Alles war verschwunden oder verkohlt – es war schrecklich.

Man zog sich in die Höhlen zurück. Die Männer nahmen hinter den Frauen Platz – damit diese die bessere Aussicht hatten. Und so wartete man ab, bis sich die Götter wieder beruhigten. Diejenigen, die ein Gewitter nicht überlebten, waren ohnehin durch die Götter gerichtet – die Welt war wieder in Ordnung.

Dann aber geschah es. Eines Tages schaffte es ein Stammesangehöriger nicht, rechtzeitig vor dem Gewitter zurück in seiner Höhle zu sein. Das Gewitter legte sich, und er kam aus dem nahe gelegenen (Ur-)Wald auf den Dorfplatz. Den anderen stockte der Atem. Denn in seiner Hand trug er – einen brennenden Ast.

»Leute«, wollte er noch sagen, doch da fiel er schon tot um. Die Dorfbewohner hatten ihn gesteinigt oder erschlagen. Das Neue wurde zum Feind – ein Urbild der Bekämpfung neuer Erkenntnisse, Ideen, Veränderungen.

Wie viele »Verkäufer« auf diese Weise erschlagen wurden, kann man nur vermuten. Aber einer muss es dann doch geschafft haben. Bevor die anderen ihn lynchen konnten, begann er zu argumentieren: »Es ist warm. Wir brauchen nie wieder zu frieren. Außerdem können wir mit Feuer Platz machen für Häuser – müssen nicht länger in Höhlen leben. Wir können Fleisch grillen, Suppe kochen und Heißes essen. Wir können uns kultivieren.«

Argumente des ersten Verkäufers

Natürlich wissen wir nicht, wie die Argumentation der damaligen Zeit wirklich ausgesehen hat. Aber es handelte sich um Verkaufen. Jener Urzeitmensch, der anderen etwas zeigte, was sie ohne seine Zuwendung nicht sehen konnten – das war und ist Verkaufen. Das ist das Wesen, der innere Kern dieses Phänomens, das manchmal so einfach zu sein scheint und sich dann so kompliziert darstellt.

Verkaufen ist unmittelbar mit Überzeugen verbunden. Überzeugen und Verkaufen sind die beiden Seiten der gleichen Medaille. Wo das eine nicht gebraucht wird, braucht es auch das andere nicht.

Überzeugen und Verkaufen

> **Wo die Notwendigkeit zur Überzeugung fehlt, da gibt es keinen Verkauf.**

Kann man wirklich vom Verkaufen reden, wenn ein Kunde im Supermarkt zehn Eier aus dem Regal holt? Wo ist hier Überzeugungsarbeit zu leisten? Es sei denn, dass man die Verfügbarkeit von Produkten und Waren bereits als Verkaufen bezeichnet. Das hat aber mit dem Anspruch, den Frank Bettger meinte, nicht das Geringste zu tun. Wenn ich als Kunde ein Produkt händeringend suche und glücklich bin, wenn ich es finde, weil ich es dringend brauche – dann ist dies schlicht und einfach *Bedarfsdeckung*.

Der Verkauf als missverstandene Dimension

An dieser Tatsache ändert sich auch dann nichts, wenn man »verkaufen« volkswirtschaftlich betrachtet. Unter dieser Sichtweise läuft auch die Bedarfsdeckung tatsächlich unter »verkaufen«. Vielleicht ist es genau dieses Begriffsdilemma, das es uns so schwer macht, den Verkauf differenzierter zu betrachten. Wenn wir weiterkommen wollen, benötigen wir wesentlich mehr Differenzierungsintelligenz, als bisher in dieses Thema investiert wurde.

Bleiben wir noch ein wenig in dieser Spur. Beraten hat sehr viel mit Überzeugen zu tun. Was man beweisen kann, bedarf keiner Überzeugung mehr. Gerade aber weil »Verkauf« und »Verkaufen« nur ungenügend differenziert wurden, meint auch jeder Regalpfleger, er sei *Berater*, wenn er seinem Kunden lediglich den Weg dorthin weist, wo er das gewünschte Produkt findet.

Der Begriff Verkauf wird beliebig für alles und für jeden Vorgang verwendet. Es war ja auch so einfach: Verkauf und Einkauf als Polaritäten, die sich gegenseitig entsprechen. Wenn ich einkaufe, dann verkauft mir irgendjemand etwas. Wenn ich verkaufe, muss jemand bereit sein einzukaufen. Eine bequeme Gleichung, mit der es sich ebenso bequem denken lässt.

Das Wesen des Verkaufens

Verkaufen aber ist wesentlich spezifischer und eignet sich bei genauerem Hinsehen überhaupt nicht für pauschalisierte Modellbetrachtungen. Das Wesen des Verkaufens ist es ja gerade, jemanden, der zum Einkauf überhaupt nicht bereit ist – weil er z. B. die Notwendigkeit einer bestimmten Anschaffung oder eines bestimmten Kaufes nicht sieht –, dahin zu bewegen, den Nutzen einer Ware oder einer Dienstleistung für sich überhaupt erst einmal erkennen zu können. Überzeugungsarbeit schafft erst die Bereitschaft, sich mit etwas zu beschäftigen, das vorher fremd bzw. sogar unbekannt war.

Anders ist es bei der Bedarfsdeckung mit bekannten Produkten. Hier ist Überzeugungsarbeit sinnlose *Blindleistung*. Es geht dann vielmehr um die Bedarfs*lenkung* auf die Mühlen des jeweiligen Anbieters.

Wissenschaft ist nur denkbar über Differenzierung. Aus der Differenzierung entsteht Klarheit. Klarheit aber ist die Mutter jeder Lösung. Wie will ich ein Problem lösen, dessen Beschaffenheit ich gar nicht kenne? Mutter Natur ist die Meisterin der Differenzierung.

Wir bräuchten nur genauer hinzusehen, um das Dilemma im Verkauf endlich zu verstehen: Alles ist hier global zusammengepfercht unter dem begrifflichen Ungetüm »Verkaufen«.

Vielleicht wird jetzt klar, warum es so dringend nötig wäre, mit der gleichen Präzision, die man in allen anderen Betriebsbereichen schon kennt, das Thema Verkaufen differenziert zu betrachten, um von dort aus zu neuen Lösungen zu kommen.

Notwendige Differenzierung des Verkaufs-Begriffs

Es fehlt dem Verkauf die Basis seiner Wesensbestimmung. Und es fehlt die Differenzierung, diese Bestimmung außerdem in verschiedenen Branchen und in verschiedenen Unternehmen vorzunehmen.

Wo aber die Grundlage fehlt, ist jede Richtung vermeintlich richtig. Das ist auch der Grund, warum in den Unternehmen Verkaufstraining und andere Maßnahmen zur Förderung der Sales-Force so undifferenziert nach dem Prinzip »Glaube, Liebe, Hoffnung« eingesetzt werden. Die damit verbundenen Blindleistungen in Verbindung mit Zeit- und Geldverschwendung kann man nur erahnen. Sie sind auf jeden Fall gigantisch. Fazit:

**Ein Mittel, den Übergang vom Verdrängungs- zum Vernichtungswettbewerb erfolgreich zu bewältigen, besteht darin, eine neue Verkaufskultur zu etablieren und verkaufsbezogene Blindleistungen zu eliminieren.
Sonst bleibt der Verkauf auch in dieser Beziehung eine »unbekannte Dimension«.**

2. Der Einzige, der erpresst, ist der Kunde?

2.1 Verschiedene Leistungen im Service

Service-Bewusstsein und Dienstleistung

»Das Einzige, was stört, ist der Kunde«, formulierte *Edgar K. Geoffroy* und traf damit den Zeitgeist Anfang der Neunzigerjahre in Bezug auf die Servicelandschaft Deutschland. Servicebewusstsein oder gar Dienstleistung war und ist in unseren Breitengraden noch immer ein Problemthema. Dienstleistung kommt nun einmal von dem Wortstamm »dienen«. Und:

Wer macht schon gern den »Diener«?

Wo wir doch schon als Kinder angehalten wurden, »das schöne Händchen« zu geben und »einen Diener« zu machen! Auch die semantische Besetztheit der Begriffe mit »Unterwürfigkeit, Unterordnung, Unterlegenheit gegenüber den Oberen« darf man in ihrer Wirkung nicht verkennen.

Kunden stellen »Anträge«

Hinzu kommt, dass in der Nachkriegszeit mit ihren leer gefegten Märkten die Kunden eher als Bittsteller behandelt wurden. Sie stellten bei den Versicherungen untertänigst einen »Versicherungsantrag«. Und die Autohäuser verkauften nicht etwa Autos, sondern der Kunde stellte einen »Kaufantrag« – und das ist teilweise bis zum heutigen Tag so geblieben.

Staatliche Institutionen hatten ja schon immer ihre eigene Tradition im Umgang mit dem »Bürger«, und so übernahm auch die Bundesbahn nach dem Krieg den Begriff »Abfertigungsschalter«. Entsprechend wurden die Kunden dann »abgefertigt«. Die »Kreditanträge« der Banken und Sparkassen haben sich bis zum heutigen Tag erhalten – allen Erkenntnissen der Kundenorientierung zum Trotz.

Apropos Banken: Hier muss man immer aufpassen, dass das Gewähren eines Kredits nicht noch immer als Akt obrigkeitlicher Gnadenzuwendung verstanden wird. Die entsprechenden Sachbearbeiter besitzen viel Macht, oft aber wenig Sachkenntnis, besonders im *Business-to-business*-Bereich. Wie soll z. B. ein darauf gar nicht vorbereiteter Sachbearbeiter des Firmenkunden-Bereichs einen Kreditantrag beurteilen, wenn er die Marketing-Konzeption des kreditbenötigenden »Antragstellers« gar nicht beurteilen kann?

Kauf- und Kredit-*Anträge* – als wären es Gnadengesuche der Kunden ...

Anfang der Neunzigerjahre überschlugen sich die Ereignisse: »Kundenorientierung«, angeführt von *Tom Peters* und *Bob Waterman (In search of excellence)*, zündete auch in Deutschland und wurde zum Zauberwort des Marketings.

Kundenorientierung

Das Einzige, was stört, ist der Kunde – richtig. Nun aber in einem völlig neuen Sinne. Der Kunde hat »seine Rechte« entdeckt und niemand darf sich wundern, wenn er sie jetzt auch durchsetzt. So bauen viele Unternehmen unter dem Leitthema »Kundenorientierung« Serviceleistungen auf, die kein Kunde mehr bereit ist zu bezahlen. Dass man Kundenorientierung nicht ohne Gegenleistung erwarten kann, wird zur stereotypen Selbstverständlichkeit. Und die Schere öffnet sich weiter.

Gibt es bald immer mehr Service für immer weniger Geld?

Die höchste Form der Kundenorientierung wäre demnach: »Gib ihm alles. Am besten umsonst. Schenk's ihm!« Die Kernfrage lautet dementsprechend: *Kundenorientierung oder Selbstaufgabe?*

Leistungs-differenzierungen

Wir werden lernen müssen, Zusatzleistungen zu konzipieren und – zu *verkaufen*. Das Produkt ist vielfach ohnehin »nur« noch Mittel, Zubringer.

Beispiel EDV: Bald werden Computer nichts mehr kosten. Die Wertschöpfung erfolgt dann über Programme, Updates, Service etc. Nicht nur bei Handys läuft dieser Prozess schon auf vollen Touren. In den USA werden bereits heute Computer kostenlos abgegeben.

Wir werden lernen müssen, für Beratungsleistungen Wertschöpfung zu erhalten, losgelöst vom späteren Kauf der Produkte. Denn für überall in gleicher Weise gewährte Basisleistungen im Service wird der Kunde genauso wenig bereit sein zu zahlen, wie er für gleiche Produkte höhere Preise zahlt. Demzufolge brauchen wir auch hier Trennschärfe. Wir müssen unterscheiden lernen zwischen:

1. ***Basis-Leistungen:***
   Das Durchschnittliche an Service, das Kunden überall erhalten. Störungen entstehen nur, wenn selbst diese Leistungen nicht gewährt werden (Hygienefaktoren).
2. ***Sympathie-Leistungen:***
   Wenn sie da sind, ist der Kunde erfreut, registriert sie. Wenn sie fehlen, führen sie aber nicht zur Unzufriedenheit.
3. ***Begeisterungs-Leistungen:***
   Sie schaffen die Differenzierung. Wenn sie fehlen, führen sie auch nicht zur Unzufriedenheit, weil der Kunde keinen Vergleich kennt.

In diesem Zusammenhang ist der Kunde tatsächlich der wertvollste Gradmesser: Alles, was der Kunde bereit ist zu bezahlen, ist *bestätigte Unternehmensleistung* – alles, was er nicht bereit ist zu bezahlen, ist *Blindleistung*. Dies erfordert zwingend auch ein neues Rollenverständnis für den Verkauf und die Verkäufer.

2.2 Kundenintegration

Bei Finanzdienstleistungen wird der Verkäufer zum Ratgeber für Lebensplanungen, und in anderen Bereichen wird er zum Lifestyle-Katalysator, vielleicht sogar zum Ermutiger einer aktiven Zukunftsgestaltung für die Kunden werden.

Von der Kundenorientierung zur Kundenintegration

Dies alles aber setzt voraus, aus dem Irrweg der selbstverleugnenden »Kundenorientierung« herauszufinden und in eine neue Dimension einzusteigen. Und diese neue Dimension heißt: *Kundenintegration*.

Im Klartext: Es geht darum, den Kunden in Bezug auf Entscheidungen, Service etc. in das unternehmerische Denken und Handeln zu integrieren. Der Kunde ist *Ziel und Bestandteil des Unternehmens*.

Der Kunde als Bestandteil des Unternehmens

Hierin liegt auch die Schnittstelle zu den Erkenntnissen aus Business-Reengineering, Total Quality Management und anderen Managementansätzen.

All diese Betrachtungen stammen schließlich aus der (Wieder-)Entdeckung des Kunden. Ihm schneller, kostengünstiger, freundlicher usw. zu »dienen«, verlangt konsequenterweise flache Hierarchien in den Unternehmen. Warum?

Je mehr Hierarchiestufen ein Unternehmen besitzt, umso starrer wird es. Hierarchie ist nun einmal gekoppelt mit Über- und Unterordnung. Schließlich stammt der Begriff ursprünglich aus dem Ägyptischen und bedeutete dort »Priesterherrschaft«.

Hierarchien contra Kunden

Von Ägypten wanderte der Begriff nach Griechenland, wo er für »heilige Ordnung« stand. Mit dieser Bedeutung haben wir ihn übernommen. Diese »heilige Ordnung« zu stören, kommt einem Sakrileg gleich und wird entsprechend geahndet.

In der »klassischen« Hierarchie blieben die Kunden aus der unternehmerischen Entscheidungsfindung ausgeschlossen.

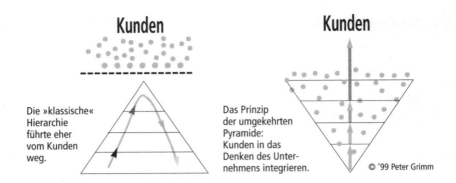

Kunden waren bestenfalls eine Art Nebenprodukt der (Erfolgs-)-Statistik, ausgewiesen in Umsatz und Reklamationen – Erfolgsstörungen eben, gemessen in »Kundenzufriedenheit«. Aber:

Kundenzufriedenheit ist ein trügerischer Maßstab für künftigen Erfolg.

Beispiele für scheinbare Kundenzufriedenheit

»Hat's geschmeckt?« fragt der Kellner beim Abservieren. »Ja«, lautet die knappe Antwort. Auch dann, wenn es eher nicht stimmt. Aus der Antwort könnte der Gastronom 97 Prozent Kundenzufriedenheit ableiten. Welch ein Fehlschluss!

Vor der geplanten Markteinführung ließ man von einem unabhängigen Institut Kunden befragen, wie diese der Errungenschaft eines Videorecorders gegenüberstünden. Über 90 Prozent gaben an, ein Gerät, das Filme aufzeichnen und zu jeder Zeit wiedergeben kann, nicht nutzen zu wollen. Der damalige Sony-Chef Morita war klüger. Er stellte fest: »Die Kunden können es nicht wissen. Sie können erst entscheiden, wenn sie es sehen.« Der Rest ist Legende.

Denklabor Kundenintegration

Die Erfragung der Kundenwünsche und die Messung der Kundenzufriedenheit allein sind ein trügerischer Ratgeber.

Unabdingbar ist, die Kunden in die Entwicklungsprozesse zu *integrieren*, um über wertvolle Anregungen und Inspirationen, die sie uns geben können, nicht an den Kundenbedürfnissen vorbeizuhandeln.

Denklabor Kundenintegration nennen wir dies als Teil einer neuen Verkaufskultur.

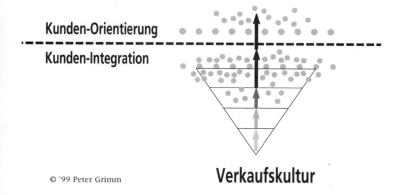

© '99 Peter Grimm

Das »offene« Unternehmen verlässt sich also nicht auf die Zufriedenheit der Kunden, sondern bezieht die Kunden in das unternehmerische Geschehen sowie in die Entscheidungen und Entwicklungen ein. Die Zukunft führt von der Kunden*orientierung* zur Kunden*integration*. Das ist die neue Dimension, der sich auch der Verkauf stellen muss.

Er wird es aber allein nicht leisten können. Die dahinter stehende konzeptionelle Intelligenz muss von der Geschäftsleitung erbracht, vom Verkauf gestützt und von den Verkäufern umgesetzt werden. Sonst gilt:

Kundenorientierung wird zunehmend ein Synonym für Preisverfall bei erhöhter Servicequalität.

Kundenintegration bedeutet, mit konzeptioneller Intelligenz daran zu arbeiten, seine Kunden erfolgreich zu machen. Aufgabe ist dann, die frei werdenden Energien, resultierend aus Zufriedenheit, emotionaler Bindung, bezahltem Service, Empfehlungen etc., zurück auf die eigenen Mühlen zu leiten.

Definition der Kundenintegration

Kundenintegration ist die wirksamste Form eines Gewinner-Gewinner-Spiels. Sie ist das Herzstück einer neuen Verkaufskultur, jedoch bei weitem noch nicht alles.

3. Millionengrab Verkauf

3.1 Die Entwicklungspyramide

Ist Weiterbildung im Verkauf Sanierungsaufwand?

Die Tatsache, dass es für den Verkauf und für die Verkäufer keine systematisierte Ausbildung gibt, zeigt sich auch in den Aufwendungen für Training und Weiterbildung der Sales-Force.

Geht man von den Zahlen aus, wie sie der Deutsche Industrie- und Handelstag (DIHT) und das Kölner Institut der deutschen Wirtschaft (IDW) ermittelt haben, dann betragen die Aufwendungen für die Weiterbildung der Verkäufer und der Verkaufs-Führungskräfte pro Jahr in Wahrheit nicht Millionen, *sondern 3 bis 5 Milliarden DM*. (Man beachte die Bandbreite der Schätzung.)

Das sind enorme Summen und es wäre höchst interessant zu untersuchen, welche Anteile dieser Milliardenbeträge in Wirklichkeit nichts anderes sind als *Sanierungsaufwand*. Warum?

Verkaufen – ein Kinderspiel?

Sehen wir uns das ein wenig genauer an: Rein sachlich betrachtet, bedeutet Verkaufen doch nichts anderes, als einem anderen Menschen ein Produkt oder eine Dienstleistung zu erklären und ihm den Nutzen daraus klarzumachen, den er hat – oder glaubt zu haben –, wenn er das Produkt kauft oder die Dienstleistung in Anspruch nimmt. Voraussetzung hierfür ist, dass der Kunde das nicht von selbst weiß und er nicht einfach nur einen Bedarf decken will.

Werden demzufolge die angeblichen Schwierigkeiten des Verkaufs vielleicht nur von den Leuten erfunden, die davon leben, die angeblichen Probleme zu lösen, die der Verkauf und die Verkäufer haben oder verursachen?

Und ist die Tatsache, dass Angehörige aller Berufe und aller Ausbildungsschichten im Verkauf mehr oder weniger erfolgreich tätig sein können, nicht schon Beweis genug dafür, dass das Verkaufen auch nicht so schwierig sein kann?

Wozu also die (Milliarden-)Aufwendungen für die Weiterentwicklung einer Tätigkeit, die so wenig Herausforderung zu bieten scheint, dass noch nicht einmal Hochschulen sich damit beschäftigen wollen? Was genau ist denn das Problem im Verkauf?

Die Gründe liegen in der Entwicklung unserer Wirtschaft in der Vergangenheit. Hand in Hand mit dem Siegeslauf der Technik fanden sich in der Gründerzeit Leute, die eben Unternehmen gründeten – meist auf Grund einer Idee, wie man etwas, was vielleicht schon da war, noch besser machen könnte – oder auf Grund einer revolutionierenden Erkenntnis usw. Sehen wir uns das etwas genauer an:

Die Entwicklungspyramide

**Verkauf
Marketing
Verwaltung**

Produktion

Forschung, Entwicklung

**Gründer
(Vorstand, Geschäftsleitung)**

Hier ist die Entwicklungspyramide auf den Kopf gestellt und der Gründer dort, wo er hingehört, nämlich auf dem »Grund«. Es handelt sich dabei um Unternehmer im besten Sinne des Wortes, die eine Idee aufgegriffen oder selbst entwickelt haben und diese zuerst zur Marktreife weiterführten.

Dann folgt die Produktion mit einem Aufwand ohne Ende. Lagerhaltung und Logistik erforderten ebenfalls gigantische Anstrengungen.

Nicht zu vergessen: die Verwaltung inklusive Buchhaltung, Rechnungswesen etc. Eine übersteigerte Verwaltung nennen wir übrigens *Bürokratie*.

C.N. Parkinson outete Bürokratie als »gut organisierte Seuche« und erklärte weiter:

> *»... denn da, wo sich Lebewesen über Zellteilung vermehren, vermehren sich Bürokraten über Formulare und Arbeitsteilung.«*

Statt Unternehmertum erzeugt die Bürokratie Unterlasser, Erstarrung und Verkrustung. Daran ersticken ja so viele Unternehmen auch heute noch.

Was ist Marketing?

Erst lange nach Ende des Zweiten Weltkrieges schwappte der Begriff »Marketing« aus dem Land der unbegrenzten Möglichkeiten zu uns herüber. Er war durchaus kein präzise definierter Begriff, sondern stand in der täglichen Praxis für alles und jedes – oft genug auch als Alibi für das Wort »Verkauf«.

Die Aufgabe des Marketings lautet, etwas sarkastisch formuliert:
»Wir haben hier eine Antwort (produziert) und suchen nun dazu denjenigen, der die dazu passende Frage hat.«

Bei hohem Produktbedarf geringer Verkaufsbedarf

Denn: Stimmte das Produkt und entsprach es einem Bedarf, so wurde es den Unternehmen in der »Vakuumzeit« der leer gefegten Märkte buchstäblich aus der Hand gerissen. Die Verkäufer waren als Bindeglied mehr oder weniger bloß *Abwickler* dieses Vorgangs. Die Innenverliebtheit in den Unternehmen dominierte.

Der Kunde wurde in Wahrheit nur dann zur Kenntnis genommen, wenn er bohrend nachfragte und darum bat, erhalten zu dürfen, was er so dringend wollte. Abgesehen von Reklamationen, versteht sich.

Man muss sich darüber im Klaren sein, wie weit der hierarchische, psychologische und aufgabenbezogene Abstand (Ab-Stand) zwischen Gründerebene (heute Vorstands- oder Geschäftsführungsebene) und Verkauf tatsächlich war und auch heute oft noch ist.

Die Unternehmen waren überwiegend reaktiv eingestellt. Die Kunden hatten zu kommen – und sie kamen auch. So ist es bis heute noch im Handwerk. Man »holt« Handwerker – von allein kommen sie sowieso nicht. Die relativ wenigen Handwerker jedoch, die es anders machen, entwickeln sich häufig zu Top-Betrieben.

Die ewige Sorge um die Zukunft war in Verbindung mit den ebenso ewigen Veränderungen (Fortschritt etc.) die Wiege der inflationär zunehmenden Management-Techniken, darunter die berühmten *Management by*-Strategien, die ohne Ende variiert wurden.

Management-Techniken

Erst in der zweiten Hälfte der Achtzigerjahre kam – wieder einmal aus den USA – das Bewusstsein für die Kunden zu uns nach Deutschland. Zwar kannten wir hier die Wendung vom »König Kunde«, aber das war eine mehr rhetorische Übung. Nicht zuletzt auf Grund der geschilderten generellen Entwicklung hatte der Verkauf auch in den Unternehmen selbst oft nur wenig Lobby.

Und was war mit den Verkäufern? Greifen wir noch mal auf ein Zitat zurück: »Die Verkäufer sind die Juwelen des Unternehmens, die man mit Fassung zu tragen hat«, kommentierte Dr. Manfred Schütte die vorherrschende Einstellung zu dieser speziellen Spezies Mensch, auch und gerade hier bei uns in Deutschland.

Nach und nach entwickelte sich auch in Deutschland das Verkaufstraining zum Ritual und wurde institutionalisiert, natürlich immer im Rahmen der *Weiterbildung* – das klingt ja besonders gut.

Verkaufstraining als Weiterbildung

Die Entwicklung der Sales-Force wurde so zum Spielball der »Weiterbildner«, die sich später zu »Personalentwicklern« verjüngten.

Während alle anderen Unternehmensbereiche mit zunehmender Präzision prozessorientiert »reengineert« wurden, blieb die Verkaufs-Entwicklung davon weitgehend verschont. Und damit blieb die Förderung der Verkäufer Bildungssache – nicht zuletzt auf Grund der tatsächlich fehlenden Grundlagen für diesen Beruf schlechthin.

Ist die Vertriebsentwicklung eine Bildungsaufgabe der Personalentwicklung?

Computer Aided Selling — Natürlich wurden Verkäufer-Informationssysteme aufgebaut, z. B. *Computer Aided Selling*. Vielfach war dies die EDV-Fortsetzung der alten Tourenplanungen mit höheren Informationswerten. Die frühere Karteikarte wurde in Elektronik umgewandelt. Und die Informationstechnologie stützt heute auch das Verkaufsgespräch. Zumindest sachlich-fachlich. So weit, so gut. Hier sind wir insgesamt auf einem guten Weg mit faszinierenden Möglichkeiten.

3.2 Präzisierung des Verkaufs statt Blindleistungen

Das BetriebsSystem — Wenigstens genauso wichtig aber ist, dass Verkauf und Marketing zu einer symbiotischen Wirkungseinheit verschmelzen müssen. Dies setzt jedoch ein entsprechendes *BetriebsSystem* für Verkauf und Marketing als Basis einer gemeinsamen Sprache voraus.

Mit anderen Worten: Die gleiche Präzision, die wir in Produktionsabläufen in Forschung und Entwicklung, in der Buchhaltung usw. zu entwickeln gelernt haben, fehlt in Verkauf und Marketing. Die Schnittstellen sind nicht definiert – und können es auch nicht sein, solange ein beide Denksysteme einigendes BetriebsSystem fehlt.

Entsprechend groß sind Blindleistungen und Verschwendung von Mitteln, und zwar deshalb, weil Konzepte und Marketingvorgaben für den Verkauf nicht nachvollziehbar sind und auf Grund des fehlenden BetriebsSystems unklar bleiben.

Verkauf und Marketing brauchen ein verbindendes, gemeinsames *BetriebsSystem*, das Blindleistungen und Mittelverschwendung im Verkauf vermeidet.

Dabei geht es auch um die *Präzisierung des scheinbar Banalen* – wie Dieter Krämer, langjähriges Mitglied des Vorstandes der Würth-Gruppe, nicht müde wird zu beteuern. Recht hat er.

Die Präzisierung des scheinbar Banalen

Es fehlt an den Grundlagen eines gemeinsamen Spielverständnisses, und nicht zuletzt deshalb driftet die Sales-Force-Entwicklung ja nach Vorliebe ihrer Einflussgeber mal in Richtung Psychologie und Soziologie, dann wieder in Richtung reine »Maloche« oder artet in wilden Aktionismus aus. Die Folge ist, dass selbst gigantische Fehlleistungen im Verkaufsprozess als »normal« gelten.

Sehen wir uns dies etwas genauer an: Aus der Betriebswirtschaftslehre wissen wir, dass es Kosten gibt, die nicht zu Ausgaben führen. Gefährlich wird es dann, wenn sie weder als Kosten noch als Ausgaben erkannt und demzufolge als *Blindleistungen* geoutet werden.

Für Blindleistungen in der Vertriebsarbeit gibt es Beispiele in Hülle und Fülle:

Wenigstens 30 Prozent der *Verkäuferbesuche* sind nach statistisch relevanten Untersuchungen wirkungslos, weil ohne klare Zielsetzung, ohne Ergebnisse für das Unternehmen und ohne tatsächlichen Nutzen für die Kunden. Hier entstehen Blindleistungen, die selten genau »greifbar« werden.

Besuche, die nichts verändern

Sehen wir uns dieses Beispiel unterlegt mit Zahlen an:

Die Kosten für solche Blindleistungen sind beträchtlich:

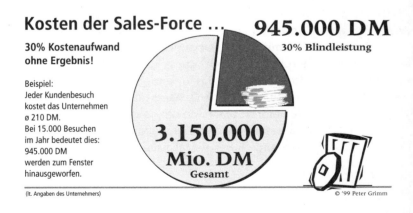

Blindleistungen verursachen auch Kosten bei den besuchten Kunden, und das nicht zu knapp:

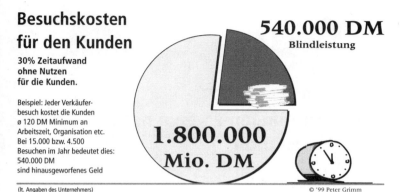

Besuchskosten für den Kunden

30% Zeitaufwand ohne Nutzen für die Kunden.

Beispiel: Jeder Verkäuferbesuch kostet die Kunden ø 120 DM Minimum an Arbeitszeit, Organisation etc. Bei 15.000 bzw. 4.500 Besuchen im Jahr bedeutet dies: 540.000 DM sind hinausgeworfenes Geld

(lt. Angaben des Unternehmers)

© '99 Peter Grimm

Das »Millionengrab Sales-Force«: Es ist Realität. Will man dies ändern, müssen drei Dinge geschehen:

1. **Der Verkauf benötigt ein BetriebsSystem, das auch die Forderung nach dem Processing des scheinbar »Banalen« erfüllt.**

2. **Es geht außerdem um die Präzisierung der Verkaufsprozesse nach den gleichen Erkenntnissen, die wir in anderen Unternehmensbereichen schon lange anwenden. Der Verkauf ist der messbarste Bereich des Unternehmens. Tag für Tag, Woche für Woche kann jeder Verkaufsleiter, jeder Verkäufer seine Verkaufszahlen verfolgen. Und ausgerechnet dieser Bereich soll nicht auch mit mathematischer Präzision geführt werden können?**

3. **Wir brauchen wirklich mehr Klarheit über das zu spielende »MarktSpiel« und die dazugehörende Rollenkompetenz der Verkäufer, wenn wir in Zukunft Erfolge wesentlich bewusster verursachen wollen.**

4. Anforderungen an eine neue Verkaufskultur

4.1 Füchsisch oder häsisch – eine Marketing-Geschichte

Ein Fuchs lädt ein ... Stellen Sie sich vor, ein Oberfuchs in der Natur würde seine Füchse zu einem Marketingtag für »füchsischen Erfolg« einladen. Der Grund: Es werden zu wenig Hasen gejagt bzw. erlegt.

Die Assoziationen zum tatsächlichen Geschehen in der Wirtschaft werden Ihnen vermutlich nicht besonders schwer fallen. Stellen Sie sich weiter vor, die Einladung des Oberfuchses würde nach dem Denken erfolgen, das im Management vieler Firmen tatsächlich vorherrscht.

Diese Annahme vorausgesetzt, würde unser Oberfuchs seine Mit-Füchse vermutlich mit folgendem Thema zum »füchsischen Marketingtag« einladen:

»Wie werden wir,
die Füchse,
schneller dick, fett und reich?«

Genau mit dieser Einstellung werden in vielen »füchsischen« Organisationen Erfolge geplant.

Die Grundlagen unseres wirtschaftlichen Wissens wurden jedoch vorwiegend in »Vakuumzeiten« entwickelt. Es waren die Kriege, die die Märkte leerten und wirtschaftliche Vakuen schufen. Vakuen aber füllen sich immer, mit Waren, Diensten, Leistungen und mit Wissen.

Überholtes Denken

Im Gegensatz zur damaligen Situation leben wir heute in einer Überflussgesellschaft mit wirtschaftlichem Vernichtungswettbewerb. Nichts wird zwar schwerer. Aber ganz sicher anders.

Und vermutlich sind Konjunkturschwankungen und Firmenkrisen auch darauf zurückzuführen, dass die Wahrnehmung der Entscheider für das, was »anders« wurde, zeitlich schon deshalb so verzögert ist, weil der härteste Klebstoff der Welt die Macht der Gewohnheit ist.

Gewohnheit verhindert eine neue Wahrnehmung

So kommt es, dass der Einfluss der Vakuumzeit noch immer im Denken und Verhalten des Managements spürbar ist. Solange wir aber in überholter Weise in Umsatz und Ertrag die eigentlichen Ziele sehen, wirkt das Gesetz des abnehmenden Ertragszuwachses.

Die Preis- und Rabattschere wird auf diese Weise für viele Unternehmen zum bedrohlichen Drachen. Folglich muss immer mehr gearbeitet werden, um die Resultate zu erzielen, die früher, wenn auch unter anderen Bedingungen, müheloser zu erzielen waren. Es wird also mit immer mehr Arbeit immer weniger erreicht. Hinzu kommt, dass die Gewinne aus Kosteneinsparungen ebenfalls schwinden werden.

> **Was bleibt denn noch übrig, wenn alle Unternehmen die Innenbereiche kostenoptimiert haben? Es wird die emotionale und rationale Intelligenz im Verkauf sein, die die Unternehmen wachsen und leben lässt!**

Noch immer aber jagen wir mit heraushängender Zunge hinter Aufträgen, Anerkennung und Kostenreduzierung her.

Von der Natur lernen

Von Mutter Natur aber könnten wir lernen, denn dort wird ebenfalls gejagt, wenn auch auf anderer Ebene. Von Prof. Dr. Hans Hass lernen wir das *Jagdgesetz der Natur:*

> **»Die Eigenart der Beute allein bestimmt das Verhalten des Jägers.«**
> **(Hans Hass)**

In der Natur »weiß« der Jagende, dass er für sich selbst herzlich wenig tun kann; er hat sich voll auf das Verhalten der zu jagenden Beute einzustellen. Vermutlich »weiß« der Adler in der Luft viel weniger über seine eigenen Flugkünste als um das Verhalten seiner Beute.

Vermutlich »kennt« auch die Katze das Verhalten der Maus besser, als sie sich über ihre eigenen Fangkünste im Klaren ist. Diese hat sie sowieso. Weder Adler noch Katze würden jemals Beute machen, wenn dem nicht so wäre.

»Häsisch« lernen ...

Diese Erkenntnisse zu Grunde gelegt, würde also unser Oberfuchs, wenn er zu einem Marketingtag seine Füchse einladen würde, vermutlich wie folgt formulieren: »Wie lernen wir, die Füchse, optimal ›häsisch‹?« »Häsisch« steht hier für die gejagte Beute, in diesem Fall eben Hasen.

Wir jagen wirtschaftlich betrachtet ebenso, wenn auch anders und auf einer anderen Ebene. Dennoch aber gilt für uns das gleiche »Jagd-Gesetz« der Natur:

> **Die Eigenart des Denkens und Fühlens unserer jeweiligen Kunden hat unser Management-Verhalten zu bestimmen. Nutzen zu bieten und Kunden in das Denken und Verhalten des Unternehmens zu integrieren, darf nicht zum Trick werden. Kundenbesitz ist schließlich wichtiger als Kapitalbesitz.**

Verankert in die Verkaufskultur eines Unternehmens könnte der Lehrsatz hierfür lauten: Am Erfolg meiner vorhandenen und potenziellen Kunden muss der Verkauf mehr Interesse haben als die Kunden selbst. So wie ein guter Chef am Erfolg seiner Mitarbeiter brennender interessiert ist als diese oft selbst – bis sie es verstanden haben. Deshalb wachsen die Leute guter Chefs so oft über sich selbst hinaus.

Wer dies verstanden hat, wird in der Lage sein, sich »häsisch« zu verhalten. Der Oberfuchs würde dementsprechend seine Einladung betiteln mit:

»Wie lernen wir,
die Füchse,
besser häsisch?«

»Kundenbesitz« gibt es eigentlich nicht. Die Sklaverei ist schließlich längst mit Recht verboten. »Kundenbesitz« ist ein technischer Begriff. Es geht in Wahrheit um das emotionale Wohlwollen der Kunden gegenüber ihren Lieferanten oder Dienstleistern, das sich auch rational im Nutzen bestätigt.

Seinen Kunden mehr als Dienste, Produkte und Rabatte zu bieten, ist eine faszinierende Dimension. Das ist altruistischer Egoismus: *Wer seinen Kunden hilft, erfolgreich zu sein, wird selbst wachsen!*

Dies aber gilt nur dann, wenn das so handelnde Unternehmen es über intelligentes Verkaufen, eingebettet in einer entsprechenden Verkaufskultur, auch versteht, die Wasser des Marktes auf seine Mühlen zu lenken. Die mit diesem Denken verbundenen Erfolge sind ungewöhnlich. Aus »Druck« wird dann »Sog«.

Verkaufen durch Sog statt durch Druck

Attraktiv zu sein heißt, die Macht der *Anziehungskraft* für sich und seine Leistungen zu nutzen. Eine neue Verkaufskultur bedeutet damit auch eine neue Qualität des wirtschaftlichen Erfolges, die uns in die Lage versetzt, Wege aus Preiskampf und Vergleichbarkeit zu finden, und die uns befähigt, unsere MarktSpiele zu überdenken und so dem Verkauf genau die Orientierung zu geben, die er für die neue Dimension des kommenden Wettbewerbs dringend braucht.

Keine Frage – wir brauchen in diesem Zusammenhang speziell für den Verkauf konzipierte »Spielregeln« als Grundlage zur Entwicklung einer neuen Verkaufskultur. Die nachstehenden zehn Spielregeln sollen Beispiel sein, Anregungen geben und zum Nachdenken auffordern. Sie sind nicht »fertig« und dürfen keinesfalls als Dogma verstanden werden.

Die eigenen Spielregeln finden

Jedes Unternehmen ist aufgerufen, seine eigenen Spielregeln für den Aufbau einer neuen Verkaufskultur im Rahmen eines zu definierenden BetriebsSystems zu schaffen. Es wäre wünschenswert, wenn diese Regeln genau solche Diskussionen entfachen würden, die dem Verkauf helfen, sich gesellschaftspolitisch besser zu profilieren und damit auch das Image der Verkäufer als Teil des Ganzen positiv zu beeinflussen.

10 Spielregeln zum Aufbau einer Verkaufskultur

1. Das *BetriebsSystem* des Verkaufs muss definiert und möglichst prozessorientiert aufgebaut sein. Angefangen bei der unternehmerischen Willensbildung, muss es die Umsetzungsprozesse der Verkaufsgestaltung genauso beinhalten wie das *MarktSpiel*, die erwünschten Kunden und die zu erobernden Potenziale.
Bei der Realisierung des BetriebsSystems wird die gleiche Forderung nach Effizienz unterlegt, wie dies heute schon in Produktion, Logistik und in vielen anderen Unternehmensbereichen selbstverständlich ist.

2. Es muss genau definiert sein, was »Verkaufen« im jeweiligen Unternehmen genau bedeutet. Damit verbunden ist auch die Präzisierung der Verkaufsprozesse inklusive der »Optimierung des (scheinbar)

Banalen« mit dem Ziel, das MarktSpiel des Unternehmens mit seinen eigenen Mitarbeitern und den Kunden abzustimmen.

3. Alle Akteure des Unternehmens sind in das MarktSpiel und die damit verbundene Zielsetzung eingewiesen. Sie verstehen ihre Rolle im Spiel und erweitern die erforderlichen sachlichen und emotionalen Kompetenzen aus eigenem Antrieb und aus erkannter Erfordernis.

4. Erfolg wird primär als Folge von **Verhalten** verstanden. Verhaltensziele sind zu definieren und haben wenigstens die gleiche Bedeutung wie Umsatz- oder Ertragsziele. Neben den betriebswirtschaftlichen Bilanzen werden speziell für den Verkauf entwickelte »Spannungsbilanzen« erarbeitet, die helfen, künftige Entwicklungen rechtzeitig zu erkennen und in Maßnahmen umzusetzen.

5. Verschwendung oder Blindleistungen sind ebenso wie bürokratische Abläufe als erfolgsfeindlich permanent offen zu legen und zu eliminieren. Die daraus resultierenden Lernprozesse werden in das BetriebsSystem des Unternehmens aufgenommen und dokumentiert.

6. Was der Kunde bereit ist zu bezahlen, ist bestätigte Unternehmensleistung. Was nicht, ist Blindleistung und demzufolge durch eine bessere konzeptionelle oder sonstige Leistung wieder in Wertschöpfung umzuwandeln. Ausnahme: der Akquisitionsprozess und der Vorbereitung künftiger Geschäfte dienende Maßnahmen oder Events.

7. Die zentrale Aufgabe des Verkaufs ist es, die Kunden erfolgreich zu machen und Schaden von ihnen (und dem eigenen Unternehmen) abzuwenden. Was für die jeweiligen Kunden »Erfolg« bedeutet, ist im Zusammenhang damit definiert, was das Unternehmen für seine Kunden tun kann und tun will.

8. Die Kernkompetenzen des Verkaufs werden ebenso wie die sonstigen Leistungen des Unternehmens zur Alleinstellung in Wettbewerb und MarktSpiel ausgeformt.

9. Die Kunden sind höchste und letzte Instanz. Ihre Entscheidungen für oder gegen eine Zusammenarbeit sind der Maßstab für die Weiterentwicklung des Unternehmens. Die Entscheidungsabläufe der Kunden, auch im Hinblick auf neue Produkte, Dienste oder Innovationen, immer besser zu verstehen, ist Teil der Verkaufskultur.

10. Das Unternehmen ist auf die Wertschöpfung für sich und seine Kunden konzentriert.
    Die Kunden erhalten diese Wertschöpfung in Form von sachlichem oder emotionalem Nutzen und das Unternehmen in Form des finanziellen Rückflusses – und in Form von (Weiter-)Empfehlungen.
    Jedes Übervorteilen der einen oder anderen Seite, einschließlich der Mitarbeiter, steht in erklärtem Widerspruch zu Geist und Inhalt der Verkaufskultur des Unternehmens.

4.2. Die Gestaltung der inneren und äußeren Verkaufskultur

© Peter Grimm

Was nützt der Appell, den »äußeren« Kunden zum Maßstab des Handelns zu machen, wenn dieser Forderung nicht eine interne Entsprechung gegenübersteht?

Auch die Nachbarabteilung ist »Kunde«

Interessant ist, dass wohl kaum jemand gegenüber seinen »Kunden« neidisch ist, Kollegen gegenüber dies aber normal ist, verbunden mit allen unangenehmen Begleiterscheinungen, die »Kollegialität« nun einmal auch mit sich bringt.

Das Spannungsfeld »Lieferant und Kunde« auch intern gelten zu lassen, ist dann von nicht zu unterschätzender Bedeutung, wenn man verstanden hat, dass die Arbeitsqualität einer Abteilung davon abhängt, wie die Zubringerabteilung die Vorleistung erbrachte – in Wirklichkeit also Kunde dieser Abteilung ist.

Diesen Gedanken kann man auf alle Betriebsebenen ausweiten. Damit ist die Betrachtung des »inneren« Kunden vor allem dann erfolgsentscheidend, wenn es um den Aufbau Hierarchie übergreifender und wirklich funktionierender Netzwerke geht, ohne die wohl kaum von einer neuen Verkaufskultur gesprochen werden kann.

Koordination unterschiedlicher Fähigkeiten

Bezogen auf die Sales-Force und auf die Serviceabteilungen des Unternehmens wird es künftig darauf ankommen, ernst zu machen mit der alten Erkenntnis »der richtige Mann, die richtige Frau am richtigen Platz«. Wie sich im Theater nicht jeder für jede Rolle eignet, kann auch nicht jeder Mitarbeiter bzw. jede Mitarbeiterin jeden Platz einnehmen. Wer dies immer noch glaubt, trägt eine sozialverquaste Brille, wobei dieses Thema dann auch sofort mit gleichmachender »Entlohnungsgerechtigkeit« verbunden ist.

Es kommt vielmehr darauf an, die Potenziale und Neigungen von Menschen zu aktivieren und im Zweifel in der Bedeutung vor die fachliche Kompetenz zu setzen. Die Idee dahinter ist einfach: Jeder Mensch lernt gern, wenn ihn das, was er zu lernen hat, brennend interessiert und es seinen Neigungen und Talenten entspricht. Dass dies nicht jedem mit seiner Berufswahl gelungen ist, liegt auf der Hand.

Verkaufsbezogen betrachtet liegt die Fähigkeit, »Menschen zu gewinnen«, in der Rangordnung vor der fachlichen Kompetenz. Diese kann »nachgereicht« werden. Jedenfalls ist im Einzelfall immer sehr genau zu prüfen, was man wirklich will und was dem Kunden tatsächlich nutzt.

Führung und Kundenverantwortung

In vielen Unternehmen gibt es Gebietsleiter, Gebietsverkaufsleiter, Regionalleiter, Verkaufsgruppenleiter, Verkaufsleiter. Hier sind aber nicht die Hierarchien gemeint, sondern vielmehr liegt die Betonung auf der Verantwortung. Genau in diesem Punkt liegt aber in Bezug auf die neue Verkaufskultur der Hase im berühmten Pfeffer.

Im Rahmen der neuen Verkaufskultur müsste die Führung der Verkäufer ausschließlich über die Kunden erfolgen.

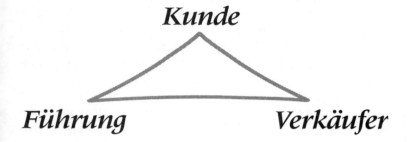

Der Kunde ist der Katalysator der Führung der Sales-Force. Dass dies heute noch völlig anders gesehen wird, ändert nichts daran.

»Richtige« oder »falsche« Führung zeigt sich ausschließlich im Erfolg. Und den gestaltet der Kunde ja nun unzweifelhaft im höchsten Maße mit. Die Erkenntnis, die Sales-Force über die Kunden zu führen, ist ganz gewiss nicht alltäglich – aber höchst wirksam. Im Auftrag des Kunden Führungsverantwortung zu übernehmen ist nun einmal etwas anderes, als dies aus der Machtfülle der Position heraus zu tun, die einem vom Unternehmen übertragen wird.

Nur über die Kunden kann übrigens auch Coaching funktionieren. Coaching braucht einen Maßstab für sein Handeln. Dieser Maßstab aber kann nicht das Unternehmen und auch nicht das Ego der Führungskraft sein – der Maßstab ist ausschließlich der Erfolg mit den erwünschten Kunden.

Coaching

Umgekehrt obliegt jedoch die Verantwortung dafür, wie sich die Kundenbeziehung auf Dauer entwickelt, ob der Kunde »abspringt« oder treu bleibt, der Führung. In diesem Zusammenhang ist Führung eine Primzahl, und die ist unteilbar.

In dieser Betrachtung liegt der Schlüssel dafür, die Sales-Force und die Serviceabteilungen über den Kunden zu führen.

Den Erfolg der Kunden mitgestalten

Der Bedeutung entsprechend sei es nochmals wiederholt:

Wer seinen Kunden hilft, erfolgreich zu sein, wird selbst wachsen.

Viele Unternehmen glauben, dass sie genau dies tun. Schließlich liefert man dem Kunden Waren, leistet Service oder gewährt ihm seine Dienste. Solange dies aber ausschließlich produktbezogen geschieht (Dienstleistungen und Service sind auch Produkte), ist eben die Bedeutung des Satzes in keiner Weise berührt.

Den Erfolg seiner Kunden mitzugestalten heißt nämlich, sein Geschäft, seine Zwänge und seine Chancen und Risiken besser zu verstehen als er selbst. Es bedeutet, »häsisch« zu denken anstatt »füchsisch« – und genau das ist der Punkt, der in Zukunft am meisten Beachtung finden muss.

Erfolgspotenziale der Kunden aktivieren

Dazu ein Beispiel. Banken könnten bei der Zusammenarbeit mit Kunden den Anspruch erheben: »Die von uns betreuten Firmenkunden haben das Recht verloren, Pleite zu machen.« Dies mag völlig überzogen klingen – aber im Kern steckt genau dort die Forderung: Was tun wir als Unternehmer, als Lieferanten, als Dienstleister, um unseren Kunden zu helfen, ihre eigenen Erfolgspotenziale zu aktivieren?

Niemand hat gesagt, dass dies kostenlos zu geschehen hat. Es könnte im Gegenteil einer der Wege aus dem Konditionsgerangel sein, dem sich Banken zunehmend ausgesetzt sehen. So betrachtet, ist es höchst interessant, denjenigen bei ihrem Erfolg zu helfen, von denen man selbst nun einmal lebt.

Es geht also auch darum, für seine Kunden Wege aus Preiskampf und Vergleichbarkeit zu suchen und bei der Umsetzung zu helfen. Aber bitte nur für die Kunden, die das auch wirklich wollen – oder es wert sind, weil sie es durch Bezahlung anerkennen.

Bürokratismus als Feind

Parkinson definierte Bürokratismus als »gut entwickelte Seuche«. Denn an die Stelle, wo sich Lebewesen durch Zellteilung vermehren, setzt der Bürokratismus die »Arbeits- und die Formularteilung«. Jede übersteigerte Verwaltung ist letztlich Bürokratismus.

Das Fatale ist, dass sie zum Schluss immer Recht hat. Der Bürokratismus kann beweisen, der Verkauf jedoch kann nur hoffen. Aber dort, wo das Berichtswesen Leben zerschlägt und wo die Tourenplanung Neukundenwerbung verhindert, herrscht Erstarrung. Bürokratismus erstickt an Perfektion, und diese ist der Tod der Kreativität.

Das Gegenteil von Bürokratismus ist Entwicklung, ist Experiment, ist manchmal auch Chaos – ist *Leben*. Der Aufbau einer neuen Verkaufskultur mit bürokratischen Mechanismen ist ebenso undenkbar wie den Papst zu verheiraten. Vom Prinzip her ginge es, aber ...

Bürokratismus ist deshalb der größte Feind einer neuen Verkaufskultur, weil er die Macht der Gewohnheit verfestigt, alles erstarren lässt und die Sales-Force zu »Erfolgsrentnern« macht.

Abhängig zu sein ist der Tod von Freiheit. So wird es verstanden – und gelebt. Jedenfalls von Kunden, die offensichtlich einen Horror davor haben, sich von einem Lieferanten abhängig zu machen.

Kunden, Potenziale und wir

Das ist einerseits richtig und verständlich, andererseits aber geradezu grotesk. Im Handel muss es zehn Marken der gleichen Produktgattung geben, und so führt die Suche nach der vermeintlichen Lieferanten-Unabhängigkeit in die *Verzettelung*. Mit Recht differenziert man heute die Einkaufskosten von den Beschaffungskosten des Einkaufs und erkennt somit die enorme Verschwendung, die die Lieferantenverzettelung unweigerlich nach sich zieht.

Die Potenziale des Kunden zu erkennen und sie systematisch auch auszuschöpfen ist Teilbereich einer neuen Verkaufskultur, die aber von den internen Kräften mitgetragen werden muss. Man kann keine Marktpotenziale erobern, wenn die internen Abläufe nicht stimmen. Erfolgsfeindliches Verhalten muss schonungslos aufgedeckt werden, damit das »lernende Unternehmen« Realität wird. Kampflos Marktpotenziale dem Wettbewerb zu überlassen heißt, dessen Wachstum zu forcieren.

»Tandem«-Arbeit und Team-Selling im Verkauf

Die Zusammenarbeit zwischen Innendienst und Außendienst ist vergleichbar mit dem Spannungsverhältnis zwischen Techniker und Kaufmann. Außendienst und Innendienst bekriegen sich auf manchmal schon groteske Weise. Vielleicht auch deshalb, weil wirklich viele Ungerechtigkeiten im Zusammenspiel das Geschehen bestimmen.

Der Verkauf bekommt Provisionen und andere Zuwendungen, der Innendienst ist auf Funktionen reduziert und wird nicht ergebnisorientiert bezahlt. Der Innendienst versteht sich oft nur als verkaufsbegleitende Verwaltungsinstanz mit reichlich wenig aktiver Beteiligung am Verkaufsprozess.

Das ist im verkaufsunterstützenden Telefon-Marketing schon anders. Ob eines Tages die MitarbeiterInnen dieser Instanz auch in das *Team-Selling* einbezogen werden, bleibt abzuwarten.

Team-Selling, also die Einbeziehung von Kompetenzträgern aus den verschiedensten Unternehmensbereichen in den Verkaufsprozess, wird derzeit hoch gehandelt, widerspricht aber vom Prinzip her der Forderung nach *»One Face to the Customer«*. Hier muss man entscheiden, was man will und was kunden- und erfolgsgerecht sinnvoll sein wird. Pauschallösungen wird es nicht geben.

Das Netzwerk der Verkaufskultur sieht auf einen Blick folgendermaßen aus:

	Koordination unterschiedlicher Fähigkeiten	
Auch die Nachbarabteilung ist »Kunde«		Führung und Kundenverantwortung
„Tandem"-Arbeit im Verkauf	*Das Netzwerk der Verkaufskultur*	Den Erfolg der Kunden mitgestalten
Potenzial ▲	Kunde	Bürokratismus als Feind
	Wir	

© Peter Grimm

Verkaufen ist die Voraussetzung für Wertschöpfung und bedeutet, anderen Menschen zu helfen, die Werte und Nutzen von Ideen und Konzepten, Produkten und Diensten zu erkennen.

Zum Verkaufen gehört aber auch die Kreativität, an sich schon bekannte Elemente und Faktoren neu zu kombinieren. Daraus entstehen bekanntlich die Ideen, die die Welt verändern. Der Maßstab dafür, was »neu« bedeutet, ist allein die Akzeptanz des Marktes und der Kunden.

Kreativität ist nötig

Ob Leistungen, Produkte und Dienste aber akzeptiert werden, hängt im Verkauf – und das ist seine Besonderheit und seine spezielle Herausforderung – ausschließlich davon ab, ob Kunden dafür auch bereit sind zu bezahlen. Das macht den Verkauf zu problematisch. Philosophieren tut jeder gern, aber im Verkauf wird es konkret.

Der Verkauf stand früher am Ende einer Leistungskette. Heute steht er an deren Anfang. So braucht er zum allerersten Mal in der Wirtschaftsgeschichte auch eine eigene Kultur.

Teil II

**Das Know-how
der Umsetzung**

5. Den Erfolg vom Zufall befreien

5.1 Der Zusammenhang zwischen Erfolg, Lernen und Erfolgsgesetzen

Bereits in der Schule werden wir auf Erfolg vorbereitet. Erfolg bedeutet dort, die bestmöglichen Noten zu erreichen. Deren Bewertung ist aber durch das System Schule bestimmt – nicht durch die Erfolgsgesetze des Lebens.

Dies ist auch der Grund, weshalb so viele Examens-Einser später oft zu Lebens-Versagern werden. Die erste Schlussfolgerung daraus: Erfolg ist vielfach das, was ein System, eine Branche oder ein Unternehmen als Erfolg – meist ausgedrückt in Zielsetzungen – definiert und was allgemein (z. B. in der Gesellschaft) oder speziell (z. B. in einem Unternehmen) bestätigt und akzeptiert ist.

Verschiedene Arten von Erfolg

Von jeher beschäftigt sich die Menschheit auf unterschiedlichen Ebenen mit der Frage, wie man erfolgreich wird. Es geht um:

- Erfolg in Bezug auf Gesundheit
- Erfolg in Bezug auf Liebe und Partnerschaft
- Erfolg in Bezug auf Anerkennung
- Erfolg in Bezug auf persönliche Fähigkeiten und Fertigkeiten
- Erfolg in Bezug auf finanziellen Reichtum

- Erfolg in Bezug auf Beruf und Karriere
- Erfolg in Bezug auf geschäftliche Entwicklungen
- Erfolg in Bezug auf Lebensphilosophie und Religion usw.

»Erfolg« heißt oder ist die Menükarte des Lebens.

Da niemand auf allen Gebieten gleichzeitig erfolgreich sein kann, müssen wir offensichtlich wählen, was wir wirklich wollen. Dies ist übrigens auch gehirnphysiologisch bedingt. Unser Gehirn gibt uns nicht die Befehle dafür, was wir zu tun haben – es verlangt vielmehr umgekehrt klarste Anweisungen dafür, was es tun soll. Unser Gehirn sorgt zwar für unsere biologische Lebensfähigkeit in jeder Beziehung, aber für die Gestaltung unseres Lebens braucht es präzise Anweisungen.

Das Erfolgsgeheimnis lautet: Präzision

Eines der zentralsten Erfolgsgeheimnisse ist, Präzision zu lernen. Mit Anweisungen wie »viel Geld«, »erfülltes Leben« kann unser Gehirn so gut wie nichts anfangen. Es braucht präzise Anweisungen, was wir darunter jeweils konkret verstehen wollen, z. B. *7 Mio. Euro in 10 Jahren durch 1. ..., 2. ..., 3. ...*

Das ist im höchsten Maße unbequem. Denn wenn man präzisiert, muss man sich festlegen. Das Ziel wird messbar. Wenn man z. B. formuliert »Ich möchte reich werden«, dann ist dies herrlich unkonkret. Um aber zu formulieren »Ich werde in 10 Jahren 3 Millionen Euro Barvermögen auf meinem Konto haben«, wird das eigene Verhalten entweder sehr messbar – oder aber unglaublich lächerlich, vor allem, wenn man dies auch anderen erzählt.

Vor dieser Konsequenz der Konkretisierung zucken wir zurück. Sie ist aber der erste und unverzichtbare Schritt, um den Erfolg vom Zufall zu befreien. Ob dies im Rahmen eines Unternehmens (in unserem Falle in Bezug auf das Verkaufsgeschehen) geschieht oder aber als Einzelperson – der Vorgang ist immer der gleiche.

Wer nicht präzisiert, verliert.

Unser Gehirn funktioniert als organischer, natürlicher und gigantischer Computer. Er ist darauf eingestellt, die lebenssteuernden und lebenserhaltenden biologischen Systeme perfekt zu kontrollieren und jede Störung zu melden und so schnell wie möglich zu beseitigen.

Wie wir aber unser Leben gestalten, das hängt ausschließlich davon ab, wie wir mit unserem Navigator, dem Gehirn, umgehen und ob wir in der Lage sind, uns »gehirngerecht« zu »programmieren«.

**Den Erfolg vom Zufall zu befreien
heißt: *Lernen*.**

Nein, ganz gewiss meinen wir hier nicht das schulische Lernen. Wir meinen auch nicht den Wissensmüll, der oft fälschlich als »Bildung« verstanden wird. Hier geht es um das verstehende Lernen, und zwar dessen, wie Erfolge verursacht werden. Genau das lernen wir in der Schule nämlich nicht.

Verstehendes Lernen

Generell lernen wir ja entweder durch Leid oder durch Einsicht. Leicht zu erraten, welchen der beiden Hauptwege wir nur allzu häufig tatsächlich benutzen!

Dabei ist eigentlich alles ganz einfach:

- Jeder weiß, zu viel Essen macht dick.
- Jeder weiß, Rauchen ist schädlich.
- Jeder weiß, Erfolg ohne Anstrengung ist wie Fliegen ohne Flugzeug.

Das ist Wissen als mentaler Ballast.

**Verstehendes Wissen meint immer die Umsetzung
in das Tun über die Integration von Erkenntnissen in
das Verhalten.**

Generell lernen wir durch:

1. die relative Zwangssituation des Lernens, z. B. in der Schule,
2. eigenes Experimentieren, z. B. über Versuch und Irrtum,

3. das Übernehmen von Vorbildern, die es »richtig« machen – die Nachahmung.

Lernen durch Modelling

In der Gehirnforschung kennt man den Begriff »Modelling«. Dies bedeutet, dass wir über ein Vorbild, also ein Modell, lernen. Das tun wir schon als Kinder. Unsere Muttersprache lernen wir genau über diesen Vorgang des Vormachens (Eltern) und Nachahmens. Der Regler hierfür ist Bestätigung, Korrektur oder Strafe. In der Alltagssprache nennen wir diese drei Steuerungselemente des Lernens schlichtweg Lob, Kritik und Tadel, vereinfacht und verkürzt auf »Lob und Tadel«.

In den Handwerksbetrieben wird auch heute noch überwiegend so gelernt. Der Meister macht vor, der Auszubildende versucht das Gleiche zu tun und anschließend gibt es dafür die Erkenntnis: Es hat geklappt oder es muss nochmals probiert werden.

Erfolge haben mentale Ursachen

Bei sachlichen Vorgängen ist das Lernen durch Nachahmung relativ leicht. Die Falle liegt aber darin, dass wir uns zu sehr auf unsere Augen verlassen und demzufolge das wirklich Wichtige z. B. bei mentalen Erfolgslernprozessen nicht sehen können.

Wir sind nach dem Motto »Nur was ich sehe, glaube ich« erzogen und trainiert, und demzufolge dominiert die Sachebene stets die eigentliche Ursachenebene – und das ist immer die feinstofflichere mentale Welt.

Genauso verhält es sich beim Zuhören. Wir hören die Worte und konzentrieren uns auf die inhaltliche Ebene. So entgeht uns die Schwingungsebene der Botschaft, die die eigentlich erfolgsverursachende Energie beinhaltet.

Jeder weiß: Entscheidend ist nicht, *was* jemand sagt, sondern *wie* er es herüberbringt.

Einseitiges Lernen nach dem Richtig-falsch-Prinzip

Auf die Differenzierung der feinstofflicheren Strömungen aber sind wir wenig vorbereitet. Wir lernen nach dem Richtig-falsch-Prinzip, und das bedeutet, dass wir das Ergebnis sehen, nicht aber den Weg dorthin.

Das ist vergleichbar mit einem Mathematiklehrer, der seine Schüler nur am richtigen Ergebnis misst – aber völlig unbeachtet lässt, ob der Schüler auch den richtigen Weg zum Ergebnis verstanden hat. Schließlich kann das Ergebnis auch dann falsch sein, wenn lediglich ein kleiner Rechenfehler passierte. Trotzdem aber hat der Schüler verstanden. Er kennt den Weg zum Ergebnis – der Rest ist Mechanik.

Dies zu verstehen ist deshalb wichtig, weil wir auch im Verkauf z. B. neue Verkäufer mit erfahrenen »alten Hasen« in der Hoffnung zusammenarbeiten lassen, dass das Erfolgspotenzial des erfahrenen Verkäufers sich auf den neuen Verkäufer überträgt.

Wenn man erfolgreiche Verkäufer (Gleiches gilt übrigens für erfolgreiche Unternehmen) fragt: »Warum haben Sie Erfolg?«, dann bemerkt man ganz bewusst das Vakuum, das diese Frage erzeugt. Die Antworten beziehen sich meist auf die Sachebene und sind ganz gewiss immer nur »Überschriften«, die reduziert auf ihren Aussagekern zusammengefasst werden können in die (bayrische) Aussage: »Mei, i bin halt guat!« **Warum hat jemand wirklich Erfolg?**

Wenn aber der eine nicht weiß, warum er erfolgreich ist, und der andere weder genau weiß, worauf er achten, noch was genau er von ihm lernen soll, wie soll das dann funktionieren?

Das ist auch der Grund, weshalb das Erfolgs-Modelling, also die Übertragbarkeit dessen, was Erfolgreiche wirklich anders machen, in den Unternehmen so wenig praktiziert wird. Wenn Erfolg aber übertragbar werden soll, dann muss er auch besser beobachtbar und seine Wirkungsmechanismen müssen bewusster werden. **Erfolg übertragbar machen**

Erfolg kann in unbewusstem Verhalten, in unbewusster Kompetenz verursacht sein, Lernen übrigens auch. Babys z. B. lernen unbewusst. Unbewusste Kompetenz reicht aber spätestens dann nicht mehr aus, wenn Erfolge gesichert und übertragbar gemacht werden sollen. Darin liegt der Unterschied.

Erfolgs-Modelling setzt Bewusstheit voraus, und zwar Bewusstheit in Beobachtung und Analyse ebenso wie im Herausfiltern *und Weitergeben* erfolgsverursachender Denk- und Verhaltensmuster. Dies gilt immer bezogen auf genau den (Erfolgs- oder Lern-)Bereich, den man übertragbarer gestalten will.

Zur Übertragbarkeit des Erfolgs gehören:

1. **Klarheit über Erfolgsgesetzmäßigkeiten**
2. **Das Zusammenspiel von mentaler und sachlicher Energie in Bezug auf Identifikation und Engagement**
3. **Klarheit über die Rahmenbedingungen, das damit verbundene MarktSpiel und die Rollen, mit denen sich die Akteure identifizieren sollen, wollen und auch können**

Fehlt nur eine dieser drei Grundlagen, ist es ein ziemlich aussichtsloses Unterfangen, »den Erfolg vom Zufall zu befreien«. In den Kapiteln 7 bis 9 werden wir die Bedeutung dieser Zusammenhänge noch sehr deutlich sehen.

Erfolgsgesetze

Erfolgsgesetze gibt es wirklich. Unternehmen werden von Menschen geführt, und der Verkauf wird von Menschen gestaltet. Demzufolge gelten für Menschen wie für Unternehmen dieselben Erfolgsgesetze. Die Summe von zusammenarbeitenden Menschen bildet jenen schwer zu definierenden Begriff »Unternehmenspersönlichkeit«. Diese zeigt sich ja in Realität sehr klar und bewirkt, bedingt durch die Unternehmenskultur und die Art und Weise, wie die Menschen im Unternehmen zusammenarbeiten, auch die Ausstrahlungskraft von Firmen.

Wir verwenden deshalb die folgenden Erfolgsgesetze synonym sowohl für einzelne Menschen als auch für Organisationen und Unternehmen.

5.2 Die drei Erfolgsgesetze des intelligenten Verkaufs

Das Gesetz der Entscheidung

Hinter dem Gesetz der Entscheidung steckt die Erkenntnis, dass alles erreichbar ist, was man wirklich will. Das ist die Geschichte von der »guten Fee«, die dem Wanderer die berühmten drei Wünsche freigibt – und wehe, wenn diese nicht weise auserwählt werden.

- Was wollen wir im Verkauf wirklich erreichen – ganz konkret, sachlich und emotional?
- Wie wollen wir »spielen« und auf welchem Weg unsere Ziele erreichen?
- Welche Rollen sollen unsere Mitstreiter in diesem Spiel übernehmen, und wer kann was auf Grund welcher Fähigkeiten und Neigungen am besten übernehmen?

In »entscheiden« schwingen die Begriffe »scheiden« und »trennen«. Vielleicht fallen Entscheidungen deshalb so schwer, weil sie immer auch mit Verlusten verbunden sind. Entscheide ich mich für das eine, verliere ich andere Alternativen. Das bedeutet immer die Scheidung, Trennung von anderen Möglichkeiten, die sicher oft genug auch reizvoll gewesen wären.

Ein Unternehmen ohne Vision lässt seine Mitarbeiter im Hinblick auf eine gemeinsame Erfolgsfokussierung allein. Demzufolge driften die Vorstellungen, Erwartungen und Meinungen der Mitarbeiter unkontrolliert auseinander.

Das Gesetz des »inneren Kraftwerks«

Ein Mensch ohne Vision ist wie ein Konzept ohne Idee.

Anders ausgedrückt: Ein Unternehmen ohne Vision kann dem Verkauf kein mentales Leitbild geben, und so muss jede Verkaufskultur schon im Ansatz verkümmern. Übrig bleibt dann »Verkaufs-Maloche«, bestenfalls noch getragen von finanziellen »Anreizen« (Incentives usw.).

Fehlen Visionen, wirken Ziele nur mechanisch. Ziele aber, die im energetischen Kraftfeld einer Vision zu Hause sind, werden zu entschiedenen Zuständen als Voraussetzung für Identifikation und Engagement. Ziele sind entschiedene Zustände in Menschen und Organisationen.

```
              Idee

            Vision
         (Vorstellungen)
 Ziel (Was)          (Wie) Weg
    ↓                    ↓
 Motivation          Strategie
          Umsetzung
          (MarktSpiel
           und Rolle)

          Widerstände
                        © Peter Grimm
```

Ziele sind Mittel, um klare, entschiedene Zustände in Menschen und Organisationen zu erreichen.

Auch Ideenreichtum erwächst aus der Klarheit von Visionen. Ideen sind sowohl die Mutter von Innovationen als auch die Quelle der ideellen und materiellen Versorgung von Unternehmen und Menschen. Mangelnde Innovationskraft geht immer Hand in Hand mit verkümmerten Visionen.

Ideen also sind die Mutter der Innovation und die Quelle unserer Versorgung. Ziele beantworten als entschiedene Zustände die Frage nach dem Was, während die Wege, die man gehen kann und will, das Wie der Umsetzung regeln.

Den richtigen Weg zu finden ist ja das eigentliche Ziel, das im Zen-Buddhismus auf die Formel verkürzt ist: *Der (richtige!) Weg ist das Ziel*. Wie wahr!

BetriebsSystem und MarktSpiel

Zur Wegeklarheit gehört auch die Frage nach dem *BetriebsSystem*, welches das *MarktSpiel* und die verkaufsbezogenen Prozesse zu präzisieren hat und auf dessen Basis der Verkauf die Umsetzung in Wertschöpfung leistet.

Das BetriebsSystem des Verkaufs denkt vom Kunden aus und führt alle Wege auf die Kunden durch kundenintegriertes Denken und Handeln zurück. *Customing*®* nennen wir die methodische Kompetenz und das damit verbundene systematische Knowhow: Customing ist *das BetriebsSystem des Verkaufs*. Mehr darüber in Kapitel 6.

*eingetragenes Warenzeichen, siehe Verzeichnis der geschützten Begriffe am Buchende

Das Erfolgsgesetz der Umsetzung

- Es gibt nichts Gutes, außer man tut es.
- Tausend Ideen sind gut, eine einzige konsequent umgesetzte aber ist besser.

Man kann die Liste solcher Erkenntnisse sehr weit fortführen und landet doch immer am gleichen Punkt:

- Entscheidend ist das *Tun*.

Sehen wir uns den Regelkreis der Umsetzung einmal genauer an:

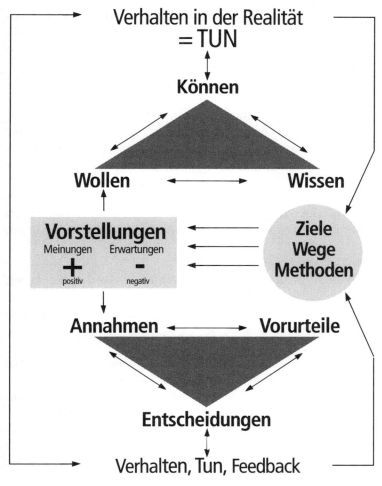

© Peter Grimm

Im Regelkreis spielen folgende Komponenten zusammen:

Man kann etwas können und wissen, braucht es aber noch lange nicht (mehr) zu wollen. Das Ergebnis ist dann die innere Kündigung, z. B. bei Verkäufern, oder aber das kraftlose Herumdümpeln von Unternehmen im Markt.

Oder: Man kann etwas wollen und wissen – aber es fehlt am Können. Die Folge: Man will alles, man weiß alles, und doch geht nichts voran.

Oder: Man könnte schon, man hat auch das Wollen – allein, es fehlt das Wissen. Die Folge: Alles bleibt beim Alten.

Ein Beispiel Jemand will fliegen lernen. Er kauft sich das Buch »In 30 Tagen fliegen lernen«. Da er sehr schnell liest, hat er es nach 15 Tagen kapiert. Das Wissen besitzt er. Das Wollen auch. Würden Sie mit ihm fliegen?

Zwischen Wissen und Können hat der liebe Gott das »Üben« geschaltet. Goethe drückte es so aus: »Was du ererbt von deinen Vätern, *erwirb es,* um es zu besitzen« (sprich: um es zu können).

Dürfen und Wollen Zwischen Wollen und Können hat der liebe Gott aber auch eine Bedingung genannt: Sie heißt »Dürfen«. »Wollen hätten wir schon mögen, aber dürfen haben wir uns nicht getraut«, formulierte *Karl Valentin,* der geniale Münchner Humorist und Philosoph, diesen Zusammenhang.

Etwas nicht zu erlauben ist der Verhinderungskreislauf des ewigen Bürokratismus. Denn dort gibt es immer eine Vorschrift, die irgendetwas nicht zulässt und demnach blockiert und verhindert.

Der »primus inter pares«-Faktor ist ohne Zweifel das Wollen. Es ist die Heimat jeder Motivation und versorgt den Regelkreis der Umsetzung entweder mit positiver Energie – oder aber mit Blockierung und Verkrustung.

Den Erfolg vom Zufall zu befreien bedeutet auch, sich darüber im Klaren zu sein, welche dieser Zusammenhänge gestört sind, und alles dafür zu tun, dass Energien fließen, damit der Verkauf und das Unternehmen wirklich leben können.

Zusammengefasst könnte man diese Erkenntnisse in die Formel bringen:

Entscheide, oder du wirst entschieden.
Lebe, oder du wirst gelebt.

5.3 Die drei Kernthemen, um den Erfolg des Verkaufs vom Zufall zu befreien

1. Aufbau eines *BetriebsSystems:* Um den Erfolg vom Zufall zu befreien, braucht der Verkauf ein eigenes BetriebsSystem, auf dessen Basis er die Umsetzung in Wertschöpfung leistet (siehe Kapitel 6). Da alles vom Kunden ausgeht und zum Kunden hinführt, haben wir diesem BetriebsSystem den Namen *Customing* gegeben. — **Customing**

2. *Umsetzungskompetenz:* Die zweite Komponente, die man braucht, um den Erfolg des Verkaufs vom Zufall zu befreien, ist: Entscheiden und Handeln. Hierzu gehört die Klarheit über das *MarktSpiel* (siehe Kapitel 7) und die in diesem Spiel zu übernehmenden Rollen ebenso wie auch Bewusstheit dessen, wie man im Wettbewerb die Abgrenzung zu anderen schafft. Außerdem gilt es, die richtigen Verkäufer für die richtigen Aufgaben einzusetzen, was im verkaufsbezogenen Innendienst ebenfalls geschehen muss. — **Entscheiden und Handeln**

3. *Erfolgs-Modelling:* Was machen Erfolgreiche wirklich anders als andere, und wie lassen sich die damit verbundenen Erkenntnisse in die Bewusstheit und in das Verhalten transferieren? Die Antwort darauf ist Lernen. Die meisten Verkaufsorganisationen betonen das — **Fach- und Erfolgswissen**

Fachwissen zu stark, vernachlässigen aber das Erfolgswissen. Die Formel hierfür heißt: Fachwissen so viel wie nötig und Erfolgswissen so viel wie möglich. Auf dieser Basis kann dann »Erfolgs-Innovation«, also die Neugestaltung, aufgesetzt werden. Schließlich kann niemand überholen, der immer nur in den Fußstapfen der Vorgänger geht.

**So viel Fachwissen wie nötig
und so viel Erfolgswissen wie möglich.**

Diese drei Kernthemen sind zu einer systematischen Einheit zu verknüpfen. Die methodischen Anforderungen müssen individuell und in jeder Verkaufsorganisation gelöst werden. Hierfür bedarf es aber noch einer weiteren Differenzierung in der Gesamtbetrachtung.

6. Das BetriebsSystem des Verkaufs

6.1 Die Forderung nach einem BetriebsSystem

Alles geht vom Kunden aus – und führt zu ihm zurück. Aus dieser Erkenntnis, die noch gar nicht so alt ist, entspringt die Forderung nach einem BetriebsSystem für den Vertrieb. Warum?

Jeder Unternehmensbereich besitzt und benutzt ein Betriebs-System. Der Buchhaltung liegt das System der doppelten Buchführung zugrunde. Die Kostenrechnung benutzt ein Regelwerk aus Mathematik, Cashflow-Methoden und anderen systematischen Grundlagen; kein Finanzchef könnte ohne dieses Betriebs-System »Bilanz« und »Gewinn-und-Verlust-Rechnung« erfolgreich steuern.

Verschiedene BetriebsSysteme

Die Produktion benutzt hoch entwickelte EDV-gesteuerte BetriebsSysteme, die es je nach System erlauben, immer perfektere Qualität zu immer günstigeren Kosten zu erhalten. Vergleichbares gilt für die Logistik usw.

Nicht zu vergessen: Erst das BetriebsSystem lässt ein Computerprogramm lauffähig werden. Und es ist nicht egal, ob es sich dabei um Windows, MacOS oder um ein anderes System handelt.

Beim Vertrieb und beim Verkauf fragt man nach einem solchen BetriebsSystem vergeblich. Der Verkauf hat kein BetriebsSystem. Es ist Zeit, dies zu ändern.

Der Verkauf hat bisher kein BetriebsSystem, obwohl er es genauso wie andere Unternehmensbereiche benötigt.

Der Verkauf ist isoliert

Zwar besteht der Verkauf aus vielen Arbeitsvorgängen und ist beeinflusst von noch mehr Parametern; diese ergeben aber alle insgesamt noch kein BetriebsSystem.

Marketing und Verkauf arbeiten ebenso nebeneinanderher, wie auch die Werbung oft ein völlig losgelöstes Leben z. B. von der Vertriebsarbeit führt. So kommt es, dass der Verkauf eben nicht mit den Maßstäben und Mitteln versehen ist, die man sonst in allen Betriebsabläufen kennt und als Maßstab bewusst zugrunde legt.

Die Tatsache, dass im Verkauf tatsächlich andere Gesetze als in vielen anderen Betriebsabläufen gelten, ist aber noch keine genügende Erklärung dafür, dass man nie versucht hat, solche BetriebsSysteme zu definieren und einzusetzen.

Kommunikation ersetzt das fehlende BetriebsSystem

Die Tatsache des fehlenden BetriebsSystems im Verkauf wird in vielen Unternehmen durch »Kommunikation« zu beheben versucht. Das ist ungefähr so, als ob man einen Hausbrand mit Appellen löschen könnte.

Und in vielen Verkaufsorganisationen brennt es ja tatsächlich. Das wird vor allem in jenen Unternehmen zunehmend deutlich, die ihre Restrukturierungsprozesse bewältigt haben und nun staunend vor der Tatsache stehen, dass offensichtlich im Verkauf trotz allem nichts besser funktioniert. Schuld daran sind natürlich dann die Verkäufer, und man sucht die erkannten Probleme mit Kommunikation oder gar Verkaufstraining zu lösen.

Das ist auch der Grund, weshalb eine Fülle von Kommunikationsseminaren und das Verkaufstraining zunehmend versagen müssen.

Die Folge: Es ändert sich gar nichts, aber nach dem Motto »Mehr vom Gleichen« schrecken die Verantwortlichen auch dann nicht zurück, mit »Verkaufstraining« den Verkauf zu aktivieren, wenn bewiesenermaßen die Umsetzung in der Praxis so gut wie nicht erfolgt. Kann sie auch gar nicht, weil selbst das beste Kommunikationstraining für Verkäufer nur auf der Basis eines klar definierten BetriebsSystems für den Verkauf wirksam werden kann.

Man stellt ja auch nicht einfach einen Schauspieler auf die Bühne, ohne ihm zu sagen, um welches Stück es sich handelt und wie er die damit verbundene Rolle anzulegen bzw. zu interpretieren hat.

6.2 Customing und Difference-Modelling

Wie schon erwähnt, geht alles vom Kunden aus und fließt zu ihm zurück. Man tut also gut daran, diese Erkenntnis bei der Konzeption eines firmenspezifischen BetriebsSystems konsequent zugrunde zu legen. Wir haben diesem Denken den Namen *Customing*®* gegeben, abgeleitet von »Customering«, was im Englischen sinngemäß »Kundenbezogenheit« bedeutet.

* eingetragenes Warenzeichen, siehe Verzeichnis der geschützten Begriffe am Buchende

> *Customing* ist das konzeptionelle *BetriebsSystem* für den Vertrieb. Es definiert das *MarktSpiel* des Unternehmens und präzisiert die verkaufsbezogenen Prozesse, auf deren Basis der Verkauf die Umsetzung in Wertschöpfung leistet.

Definition des Customing

> *Customing* als *BetriebsSystem des Verkaufs* nutzt *Difference-Modelling*®* als methodische Kompetenz.

*eingetragenes Warenzeichen, siehe Verzeichnis der geschützten Begriffe am Buchende

Die Natur ist ein gigantisches Differenzierungssystem. Dieser Tatsache entsprechend, wurde für Customing als Methode *Difference-Modelling* gewählt. Es ist anzunehmen, dass damit eine wichtige Basis für differenziertere Erkenntnisse im und für das systematische Vertriebsmarketing geschaffen wurde.

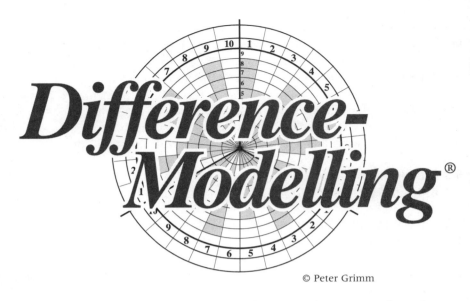

© Peter Grimm

Es bleibt die unbequeme Erkenntnis, dass ausgerechnet der Verkauf nie die Differenzierung und Präzisierung erfahren hat, die nun einmal erforderlich ist, um ihn endlich aus der gleichmachenden Formel »Alles ist Obst« und der damit verbundenen indifferenten Betrachtung herauszuführen.

Ziele des Difference-Modelling

Um genau dies zu leisten, haben wir unser speziell hierfür entwickeltes Difference-Modelling als Methode verwendet. Dadurch sind wir in der Lage, die Unterschiede einzelner MarktSpiele bewusst zu machen.

Ziel dabei ist, jene Professionalität für den Verkauf zu schaffen, die es erlaubt, den Verkäufern einsichtig zu machen, wie sie ihren Einsatz in unterschiedlichen MarktSpielen bewusst gestalten und so auch ihren Erfolg weitgehend vom Zufall befreien können.

Difference-Modelling folgt aber auch der Erkenntnis, dass nur in der Abgrenzung zu anderen und in der Konzentration auf das Wesentliche der Schlüssel zur Überwindung von Komplexität liegt.

Die Überwindung von Komplexität bedeutet aber immer: Einfachheit. Mit anderen Worten: Customing als BetriebsSystem des

Verkaufs und Difference-Modelling stellen das Kernverständnis des Verkaufs sicher.

Alle wirklich guten Dinge sind eigentlich ganz einfach. Bis man aber ihren einfachen Wesenskern erkannt hat, läuft ein Lernprozess ab, so auch hier.

6.3 Die vier Basis-Anforderungen an das BetriebsSystem des Verkaufs

1. Das MarktSpiel des Verkaufs

Das BetriebsSystem des Verkaufs hat die Aufgabe zu klären, welche Produkte, Waren oder Dienstleistungen zu welchem MarktSpiel passen und in welcher Form der Verkauf dieses Spiel zu spielen hat.

Die MarktSpiel-Systematik definiert Anspruch und Auftritt des Unternehmens mit seinen Leistungen gegenüber den Kunden und schafft Klarheit für ein MarktSpiel-gerechtes Rollenverständnis des Verkaufs und der Verkäufer. Daraus ergeben sich völlig neue Möglichkeiten für die Präzisierung der Verkaufsprozesse im Wettbewerb der Zukunft. **MarktSpiel-Systematik**

Die damit verbundenen Erkenntnisse haben naturgemäß weit reichende Auswirkungen auf die Weiterbildung und das Training der Verkäufer und der Verkaufsführung. Aber ganz gewiss auch auf Marketing, Verkaufsförderung und Werbung.

Tatsache ist, dass der heutige Verkauf nicht von einem MarktSpiel ausgeht, sondern primär von Produkten. Die immer noch deutlich vorherrschende Produktverliebtheit tat sich ja schon mit der Kundenorientierung schwer genug.

Stellen Sie sich vor, Sie säßen in einem Theater und wüssten nicht genau, welches Stück gespielt wird. Sie erwarten ein Lustspiel – was aber kommt, ist ein tragisches Heimatstück. Natürlich **Eine Analogie** würde Ihnen das nicht passieren, Sie hätten vorher geklärt, wohin Sie gehen.

Stellen Sie sich weiter vor, Sie wären Schauspieler. Sie haben auf der Bühne zu stehen, aber welches Stück Sie spielen, ist Ihnen völlig unbekannt. Den Text müssen Sie ohnehin selbst erfinden und als Requisiten erhalten Sie ein paar Hinweise. Das bunt zusammengesetzte Publikum sind Ihre Kunden. Woran orientieren Sie sich?

Das MarktSpiel ist nicht klar definiert

Versuchen Sie einmal, dieses Bild auf den Verkauf zu übertragen. Dann wissen Sie, warum im Verkauf so vieles nicht funktionieren kann. Nicht nur, dass die Grundlagen des MarktSpiels nicht klar definiert sind – es sagt Ihnen auch kein Regisseur, was in diesem Spiel richtig und was falsch ist.

Entsprechend belohnt oder bestraft Sie das »Publikum« – natürlich der Kunde. Diese Zusammenhänge werden uns in den nächsten Kapiteln noch intensiv beschäftigen.

2. Die Kunden

In puncto Kunden sind folgende Fragen relevant:

- Wie differenziert man Kunden nach dem Prinzip des größten Erfolgs?
- Muss man wirklich jeden Kunden haben?
- Wer sind die tatsächlich erwünschten Kunden – und wie erkennt man sie?
- Was heißt Potenzialausschöpfung im Markt wirklich?
- Welchen Einfluss haben unterschiedliche »Niveauhöhen« von Kunden und Verkäufern auf den Verkaufserfolg des Unternehmens?
- Welche Entscheidungsmuster für oder gegen eine Zusammenarbeit bei welchen Kunden prägen die Erfolgschancen des Verkaufs?

3. Die mathematische Seite des Erfolgs

Es stellen sich folgende Fragen hinsichtlich der mathematischen Seite des Erfolgs:

- Wie werden Fehlleistungen und Blindleistungen im Verkauf ausgeschaltet?
- Wie ist die Zusammenarbeit zwischen Innendienst und Außendienst gelöst, und wie sieht die Schnittstelle hierfür aus?
- Was hat der Verkauf zu verantworten und was eben nicht?

4. Innovation und Präzisierung der Verkaufsprozesse

Um Verkaufsprozesse zu innovieren und zu präzisieren, müssen folgende Fragen beantwortet werden:

- Welche Wege gibt es aus Preiskampf und Vergleichbarkeit im Vernichtungswettbewerb unserer Zeit?
- Wie stellt der Verkauf die Wertschöpfung sicher?
- Wann ist Gewinnen Pflicht, und wann ist Rückzug klug?
- Potenziale erobern – aber mit System: Wie geht das?

All diese Fragen muss das BetriebsSystem für den Verkauf lösen bzw. beantworten. Der Verkauf ist schließlich ein *Umsetzungsprozess* und keine Forschungs- und Entwicklungszentrale für Produkte. Das haben andere zu leisten, wenngleich der Verkauf hierfür wirklich wichtige Informationen vom Markt liefern kann. Das aber ist ein anderes Thema.

Verkauf ist ein Umsetzungsprozess

Wie sicher bemerkt wurde, sind in dieser Anforderung an ein BetriebsSystem die Produkte oder Dienste nur als Mittel berührt – und zwar ganz einfach deshalb, weil es die verdammte Pflicht und Schuldigkeit des Unternehmens ist, dem Verkauf marktfähige Produkte zur Verfügung zu stellen. Diese aber zu konzipieren, ist nicht die Verantwortung des Verkaufs.

Dem Verkauf die Aufgabe zu übertragen, mit problembeladenen Produkten erfolgreich zu sein, heißt, das Wesen des Verkaufs nicht verstanden zu haben.

Der Verkauf ist keine Krankenanstalt für sieche Produkte.

Erfolg der Verkäufer

Customing, das BetriebsSystem des Verkaufs, ermöglicht den Erfolg der Verkäufer, und die Leitung des Verkaufs hat die Pflicht, das MarktSpiel des Unternehmens und der Verkaufsorganisation zu präzisieren. Bedeutsam dabei ist, dass untrennbar mit dieser Aufgabe auch verbunden ist, die richtigen Verkäufer für die Verkaufsorganisation zu finden und zu fördern.

Umso wichtiger ist es, das Geeignetsein von Verkäufern in unterschiedlichen MarktSpielen präzise herauszufinden – denn genau dort liegt der Grund dafür, warum ein Teil der Verkäufer Erfolg hat und ein anderer Teil ewig hinterherhinkt.

In den allermeisten Fällen liegt es nicht am Verkäufer, sondern an dessen Rollenverständnis im Rahmen eines klar definierten MarktSpiels in Verbindung mit sachlicher, mentaler und emotionaler Kompetenz.

Customing als das BetriebsSystem des Verkaufs hat deshalb auch die Aufgabe, den Erfolg von Verkäufern präzise zu erklären und Fehlbesetzungen in einem jeweiligen MarktSpiel auszuschließen.

7. MarktSpiele

7.1 Der Markt als Bühne

Es ist morgens 10 Uhr in einem Theater. Casting ist angesagt, die Besetzung eines Stückes, des *Hamlet*. Auf der Bühne steht ein schmächtig wirkender Mann. Er diskutiert mit dem Regisseur. Es geht um den Part, den der Schauspieler vorsprechen soll. Man einigt sich. Jetzt könnte es losgehen. Stattdessen fragt der Mann auf der Bühne den Regisseur: »Wie soll ich denn die Rolle anlegen?«

Bühne und Verkauf

Alles, was wir jetzt brauchen, ist die Bereitschaft, den Markt einfach als Bühne und das Publikum als Kunden zu verstehen. Die Schauspieler in unserem etwas gewagten Vergleich sind natürlich die Verkäufer.

Was aber wird gespielt? Im realen Theater ist das klar. Sonst wäre es ja lächerlich. Der Autor lieferte den Stoff. In diesem Falle war es Shakespeare. Wie alle Autoren ließ er niemanden im Unklaren darüber, um was für ein Stück es sich handelt: Komödie, Tragödie usw. Szene für Szene ist beschrieben, inklusive des Ortes der Handlung, der Begleitumstände und der Atmosphäre.

Und natürlich ist der Text vorgegeben. Das ist ja die eigentliche Leistung des Autors. Klar ist aber auch, dass nicht jeder der Akteure die Hauptrolle spielen kann. Aber jeder auf der Bühne kennt genau seine Rolle und weiß, wann er was zu tun und zu sagen hat.

Schauspieler und Verkäufer Worin besteht der Unterschied zwischen einem Schauspieler und einem Verkäufer? Ein Schauspieler interpretiert auf der Basis eines *definierten Stückes* einen festgelegten Text. Er kennt die Rollen seiner Mitspieler und natürlich seine eigene sehr genau. Erfolg hat er dann, wenn das Stück, der Text, seine Interpretation und natürlich die seiner Mitspieler zu einer glaubwürdigen Einheit verschmelzen.

Der Verkäufer jedoch bleibt sowohl in der Definition als auch in der Interpretation »seines« Stückes weitgehend sich selbst überlassen. Er hat es mit ständig wechselnden Mitspielern (Kunden) zu tun, deren Rollen er eher oberflächlich einzuschätzen in der Lage ist, da er ja auch nie genau wissen kann, welchen »Regieeinflüssen« diese Mitspieler ausgesetzt sind.

Natürlich kennt er seine Branche und verfügt über entsprechende Requisiten (Kataloge, Muster und eine Menge farbiger Prospekte etc.). Möglicherweise verfügt er auch über einiges Interpretationswissen (sprich: Verkaufstechnik) und über psychologische Zusammenhänge (von TA wie Transaktionsanalyse bis NLP wie Neurolinguistisches Programmieren).

Wie aber soll er denn ohne präzises MarktSpiel-Verständnis wissen, *wie er seine Rolle anlegen soll,* und welche Technik ihm wann welchen Erfolg bringen wird? Und natürlich kann er ohne Kenntnis der Rolle auch nicht anwenden, was er in so vielen Verkaufstrainings gelernt hat.

Die Rolle Apropos »Rolle«: Natürlich weiß der Verkäufer, dass er Verkäufer ist. Was aber heißt das genau? Und was bedeutet es, in diesem Spiel Verkäufer zu sein, in dem er sich hier und jetzt in diesem Unternehmen und speziell in diesem Bereich befindet?

Ganz abgesehen davon, dass sich viele Akteure des Verkaufs keinesfalls mit der Rolle eines »Verkäufers« identifizieren. Sonst wäre die ewige Diskussion darüber, welche Bezeichnung oder welcher Titel auf der Visitenkarte der Verkäufer stehen soll, wohl kaum zu erklären.

Im Unterschied zum »echten« Schauspieler gestaltet der Verkäufer auch seine eigenen Texte – und dies während der Aktion. Es gibt allerdings in Bezug auf den Umgang mit Sprache und Worten sehr eingeschränkt fähige, ja fantasielose Verkäufer, die naturgemäß in schwierigen Situationen geradezu »textlos« sind: »Herr Kunde, jetzt fehlen mir wirklich die Worte – ich bin einfach sprachlos ...«.

Kein Wunder übrigens, wenn neben fehlender Spielklarheit auch der Sprachschatz so eingeschränkt ist, dass tatsächlich die passenden Worte fehlen. Man analysiere in diesem Zusammenhang nur einmal das Leseverhalten vieler Verkäufer, zu deren Kernkompetenzen nun einmal der Umgang mit Worten und damit ein ordentlicher Sprachschatz gehört.

Es fehlen die Worte

Wie dem auch sei, die Kernfrage bleibt: *Was wird gespielt?* Um diese Frage so zu beantworten, dass deren Erfolgsbedeutung wirklich kristallklar wird, müssen wir noch ein weiteres Thema klären, nämlich den Punkt der Wertschöpfung.

7.2 Der Punkt der Wertschöpfung

Mit dem Punkt der Wertschöpfung ist nicht der Ort gemeint, wo Angebot und Nachfrage zusammentreffen; dies wäre der Markt generell. Gemeint sind auch nicht die Wertschöpfungsketten, wie sie z. B. in der Produktion definiert sind.

Mit dem *Punkt der Wertschöpfung* ist jener Punkt gemeint, an dem die Kapazität des Unternehmens mit all seinen Angeboten, Menschen und Fähigkeiten mit den Potenzialen (Kaufkraft, Bedarf, Wünsche) der Kunden zusammentrifft.

Wirtschaft & Konjunktur
Markt
Wettbewerb
Bedarf
Endkunde
Kunde

Der Punkt der Wertschöpfung ●

Verkauf
Marketing
Produkte, Dienste
Produktion, Logistik
Unternehmenskonzept

© '99 Peter Grimm

Begriffsklärungen

Der Punkt der Wertschöpfung liegt dort, wo es im Zusammentreffen von Verkäufer und Kunden konkret wird und die Unternehmensleistung durch Kauf des Kunden bestätigt oder verworfen wird. Customing ist ja der Gesamtbegriff für das BetriebsSystem des Verkaufs.

* eingetragenes Warenzeichen, siehe Verzeichnis der geschützten Begriffe am Buchende

Das MarktSpiel definiert Anspruch und Auftritt des Verkaufs am Punkt der Wertschöpfung. *Difference-Modelling*®* bezeichnet die methodische Seite, mit der wir arbeiten.

Der Punkt der Wertschöpfung ist das erfolgskritische Zusammentreffen von Menschen und Leistungen des Unternehmens mit dem Kunden. An diesem Punkt bestätigt sich die Unternehmensleistung durch das, was der Kunde bereit ist zu bezahlen. All das, was der Kunde nicht bereit ist zu bezahlen, ist *Blindleistung oder Verschwendung.* Die einzige Ausnahme besteht in Vorleistungen, die zur Wertschöpfung führen.

Sieht man sich den Punkt der Wertschöpfung ganzheitlich an, zeigt er sich als das Zentrum einer Fülle von Einflussfaktoren, die auszugsweise und modellhaft in der nächsten Grafik verdeutlicht sind:

© Peter Grimm

Der Punkt der Wertschöpfung ist die »Bühne« bzw. die »Arena« für das *MarktSpiel* des Verkaufs.

Der Punkt der Wertschöpfung ist also sowohl symbolisch als auch tatsächlich die »Bühne«, auf der sich das MarktSpiel des Verkaufs abspielt.

Das MarktSpiel präzise zu definieren, ist Bestandteil der Konzeption des BetriebsSystems für den Verkauf und aus diesem Grunde außerordentlich bedeutungsvoll. Das MarktSpiel lässt sich folgendermaßen eingrenzen:

Definition des MarktSpiels

Ein MarktSpiel definiert Anspruch, Auftritt und »Spielart« des Unternehmens mit seinen Leistungen gegenüber seinen Kunden, und zwar differenziert zum Wettbewerb.

Das MarktSpiel schafft für alle Akteure ein klares Rollenverständnis. Es gibt Marketing und Verkauf die präzise Orientierung, in welcher Weise erforderliche Mittel und Ressourcen eingesetzt werden.

Auch für die Beantwortung der Frage, warum es im Verkauf so unterschiedliche Erfolgsbilder bei den Verkäufern gibt, ist die *MarktSpiel-Systematik* eine unerschöpfliche Quelle der Erkenntnis. So wie sich nicht jeder Schauspieler für jede Rolle eignet, wird MarktSpiel-bezogen nachvollziehbar, dass sich nicht jeder Verkäufer für jedes MarktSpiel gleich gut eignet.

MarktSpiel-Systematik als Erkenntnisquelle

Die uralte Verkaufsweisheit, die besagt, dass ein guter Verkäufer *alles* verkaufen könne, ist bei genauem Hinsehen ziemlicher Unfug, ebenso die noch immer weit verbreitete Meinung, es gäbe den *geborenen* Verkäufer. Wäre dem so, würde ich empfehlen, die Suche nach guten Verkäufern sofort in die Geburtskliniken zu verlegen ...

Mit Difference-Modelling zur MarktSpiel-Systematik

Der Punkt der Wertschöpfung wird gezoomt

Vive la difference – es lebe der Unterschied! Mutter Natur ist darin Meisterin. Auch im Verkauf kommen wir mit pauschalen Betrachtungen einfach nicht mehr weiter. Wissenschaftlich zu arbeiten bedeutet, unterscheiden zu lernen und aus Differenzierungen zu Erkenntnissen zu kommen. Unser Ausgangspunkt ist und bleibt dabei der Punkt der Wertschöpfung, also die Begegnung aller Unternehmensleistungen mit dem Kunden.

Vergrößern wir diesen Punkt per Zoom und sehen uns dann an, zu welchen Erkenntnissen wir dabei kommen:

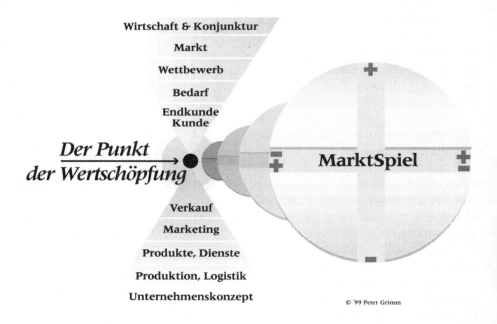

Die Basis-MarktSpiele

Unser Punkt der Wertschöpfung ist jetzt in vier Felder unterteilt. Diese *Kern-Matrix* steht zunächst einmal für die vier Basis-MarktSpiele, mit denen wir unsere Betrachtung beginnen wollen.

Vorher aber noch zum systematischen Rahmen, den wir hier im Zusammenhang mit Difference-Modelling verwenden, wobei wir konsequent vom Kunden ausgehen: Bei der MarktSpiel-Betrachtung sind zunächst zwei Faktoren von zentraler Bedeutung: *Kundenerfahrung und Innovationshöhe*. Gemeint ist, was die Kunden über die Produkte oder Dienstleistungen wissen und wie groß oder klein der Erklärungsbedarf dafür ist.

1. Hat der Kunde große eigene Erfahrung mit den Produkten oder Diensten, *ist für ihn* der Neuheitswert, also die Innovationshöhe, die er beim Kauf erfährt, eher klein.
2. Angenommen, der Kunde kennt sich mit Angeboten, Produkten oder Dienstleistungen *nicht* aus. Dann ist sein Interesse daran *für ihn* schon mit einem Neuheitswert und beim Kauf mit einer mehr oder weniger hohen Innovation verbunden.

Die Innovationshöhe

Es ist bei dieser Betrachtung völlig egal, ob es sich dabei auch für den Hersteller bzw. Lieferanten um eine Innovation handelt oder nicht. Für ihn mag es sich dabei sogar um einen »alten Hut« handeln.

Innovation ist das, was *der Kunde* als Innovation erlebt.

Kauft eine Hausfrau ein Produkt des täglichen Bedarfs, z. B. ein Waschmittel, so wird sie wohl kaum eine große Erklärung dafür brauchen – sie weiß, wie man damit umgeht. Die Innovation ist gleich null.

Zwei Beispiele

Will unsere Hausfrau dagegen im Internet surfen und hat sie dies noch nie zuvor getan, dann ist der Kauf der entsprechenden Ausrüstung (Computer, Software, Anschluss etc.) für sie schon eine Innovation. Entsprechend will sie das Richtige kaufen und sich vorher möglichst gut beraten lassen.

In unserer Betrachtung beziehen sich Innovationen keinesfalls nur auf Produkte oder Dienstleistungen, sondern auch auf Vorgehensweisen, Präsentationen und alle sonstigen Zusammenhänge und Strategien, die den Verkauf interessant, spannend und positiv für den Kunden gestalten.

Die Kern-Matrix In unserer Matrix haben wir diese Erkenntnis methodisch aufgenommen:

Zum besseren Verständnis ordnen wir den Feldern der Matrix die Zahlen 1 bis 4 zu. Die Felder 1 und 2 bezeichnen MarktSpiele mit geringer bzw. keiner Innovationshöhe für den Kunden. Die Felder 3 und 4 sind dagegen für den Kunden (mehr oder weniger) innovativ, besitzen also relativen Neuheitswert.

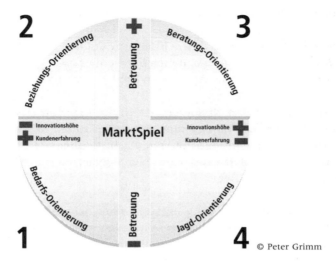

© Peter Grimm

Eine weitere Differenzierung entsteht im Zusammenhang mit dem Anspruch an den Verkauf und die Verkäufer. Dieser Anspruch kann gering sein (Feld 1), er kann anspruchsvoll sein (Feld 2), oder er kann »top« sein (Felder 3 und 4). Warum dies so ist und wie es sich ändern kann, darüber später mehr.

Aus dem Grundmuster unserer Kern-Matrix lassen sich nun vier völlig unterschiedliche Basis-MarktSpiele ableiten. Lassen Sie uns um des besseren Verständnisses willen mit der marketingbezogenen Betrachtung differenter MarktSpiele beginnen.

7.3 Die vier Basis-MarktSpiele

Das bedarfsorientierte MarktSpiel (Feld 1)

Kurt Müller ist Strohwitwer. Seine Frau ist verreist, und nun muss er sich selbst versorgen. Zum Einkaufen geht er in den nahe gelegenen Supermarkt. Dort befinden sich weiß gekleidete Damen und Herren, die in totaler Verkennung dessen, was Verkauf wirklich ist, von den Inhabern »Verkaufspersonal« genannt werden.

Auf eine der Damen tritt er zu und fragt: »Meine Frau ist verreist, und ich möchte einmal ein neues Waschmittel ausprobieren. Bitte erklären Sie mir mal den Unterschied zwischen *Persil* und *Weißer Riese*, am besten am Beispiel hinterindischer Hochzeitstücher ...«

Können Sie sich vorstellen, dass irgendjemand so im Supermarkt fragt? Nein, das ist nun wirklich unvorstellbar! Der Grund ist einfach: Würde dies jemand tun, dann wären zehn Minuten später die anderen weiß gekleideten Herren da, diesmal aber die mit den Turnschuhen ...

Was geschieht stattdessen im Supermarkt? Wenn wir etwas suchen, brauchen wir bestenfalls *Auskunft* darüber, wo wir es finden. Das ist dann der ganze »Verkaufsvorgang«. Alles andere ist Warenpräsentation und die sonstige jeweilige konzeptionelle Gestaltung des Verkaufsraumes.

Verkaufen als Auskunft erteilen

> **Typisch für das bedarfsorientierte MarktSpiel sind demzufolge Produkte und Dienstleistungen mit (08/15-)Vergleichbarkeit und breiter Verfügbarkeit. Die Anforderung an den Verkauf ist gering und auf »Auskunft« reduziert. So dominiert durchgängig als Erfolgsfaktor Nummer 1 *der Preis*.**

Produkte oder Dienstleistungen, die entweder objektiv in diesem Spiel zu Hause sind oder aber vom Kunden in diesem Feld gesehen werden, unterliegen nun einmal dem *Preiskampf*.

Gelingt es nicht – z. B. durch Innovationen – Produkte oder Dienstleistungen aus diesem Spiel herauszuführen, dann führt nur die *konzeptionelle Intelligenz* oder die *Veränderung von Rahmenbedingungen* aus diesem Feld.

Damit wir uns nicht missverstehen: Es ist nun keinesfalls so, dass es eben nur Produkte der oben geschilderten Art sind, die in diesem MarktSpiel-Feld zu Hause sind. In dieses MarktSpiel gehören alle Produkte, die bedarfsorientiert gekauft werden, wenig oder keine Differenzierungsmerkmale aufweisen und aus Kundensicht direkt vergleichbar sind.

Verfügbarkeit und Preisgestaltung

Erfolgsfaktoren sind die Verfügbarkeit in Verbindung mit der Preisgestaltung. Auch ehemals strahlende Markenprodukte können in der Falle dieses Feldes angelangt sein, und oft wünschen sich die Verkäufer, bei Preisgleichheit wenigstens den Zuschlag zu erhalten. Aldi spielt dieses MarktSpiel genial.

In diese Kategorie fallen nicht nur Lebensmittel, sondern oft genug auch Hightech-Produkte, wie z. B. Computer, sobald sie zu Massenprodukten mit hoher Verfügbarkeit und damit »reiner Bedarf« geworden sind.

Das beziehungsorientierte MarktSpiel (Feld 2)

Verkaufen als Nähe schaffen

Der Erfolg von Produkten und Dienstleistungen im beziehungsorientierten MarktSpiel wird bestimmt von der Qualität der Beziehungsgestaltung und damit vom »Erfolgsfaktor Mensch«.

Hier geht es um das beziehungsorientierte Verkaufen, also die Art und Weise, wie es ein Unternehmen schafft, seine Kunden überwiegend emotional an sich zu »binden«. Umgekehrt ist es den Kunden in diesem MarktSpiel ganz gewiss nicht gleichgültig, von wem und bei wem sie kaufen.

Serviceleistungen und Logistik sind im beziehungsorientierten MarktSpiel die Zubringer zur Verstärkung der Kundenbeziehung, ebenso wie die Atmosphäre der Zusammenarbeit und das gegenseitige Wohlwollen im Sinne eines langfristigen Miteinanders. Der emotionale Erfolgsfaktor heißt »Nähe«.

Wer im beziehungsorientierten Verkauf an die Spitze will, braucht als Unternehmen oder Verkäufer emotionale Intelligenz und die Fähigkeit, Anziehungskraft aufzubauen und zu erhalten.

Im beziehungsorientierten MarktSpiel sind auch die *Marken* zu Hause. Denn zu ihnen haben wir eine mehr oder weniger starke Beziehung.

Wird allerdings die Anziehungskraft der Beziehung gestört, fallen die Produkte dieses Feldes nahezu automatisch in das rein bedarfsorientierte MarktSpiel (Feld 1) und unterliegen demzufolge dann ebenfalls dem zunehmenden Preiskampf. Dies passiert oft, wenn die Betreuungsaufgabe vernachlässigt wird und Beziehungs-*Verwaltung* statt Beziehungs-*Gestaltung* das MarktSpiel dominiert.

Bevor wir zu den MarktSpielen 3 und 4 übergehen, muss deutlich werden, dass sich dort die Spielregeln geradezu drastisch ändern: Während die MarktSpiele 1 und 2 davon bestimmt sind, dass die Kundenerfahrung groß und demzufolge die Innovationshöhe von den Kunden als eher klein empfunden wird, ist es bei den MarktSpielen 3 und 4 genau umgekehrt. Das ist unbedingt zu beachten, damit auch hier die Differenzierung der MarktSpiele in ihrer vollen Bedeutung erkannt wird.

Das beratungsorientierte MarktSpiel (Feld 3)

Alle wünschen sich, im beratungsorientierten MarktSpiel zu Hause zu sein: Unternehmen, Marketing, Verkauf und vor allem natürlich die Verkäufer. Beraten tut schließlich jeder gern, verkaufen nicht unbedingt. So ist dieses Spiel vielfach das Feld des *Etikettenschwindels* im Verkauf.

Verkaufen als Beraten

> **Produkte und Dienstleistungen, die im beratungsorientierten MarktSpiel wirklich zu Hause sind, unterliegen am wenigsten dem Preiskampf. Es ist das Spiel der Projekte, der individuellen Konzeptionen oder Konfigurationen von Leistungen für individuelle Kunden. Es ist das Spiel der Innovation von Produkten und Dienstleistungen schlechthin – und es ist das MarktSpiel, das die Kundenbindung gewissermaßen »automatisch« erzeugt.**

Beispiel EDV Ein Unternehmen beschließt, ein neues EDV-System mit einer eigens für seine Belange entwickelten Software einzuführen. Hier zählen nicht die strahlenden Augen eines kontaktgeschulten Verkäufers – hier zählt vielmehr Fachkompetenz, und nur diese. Gute Beziehungen sind hier bestenfalls das Sahnehäubchen der Beratung, während selbst schlechtere Kontakte zum Schluss von der Fachkompetenz überstrahlt werden können.

Nehmen wir an, ein Softwarehaus verspricht, die gestellte Aufgabe zu lösen, und alle Vortests scheinen das auch zu bestätigen. Man stellt auf das neue EDV-System um. Nach kurzer Zeit bemerkt man allerdings, dass es sich um »Bananen-Software« handelt – und die reift bekanntlich beim Kunden.

Kundenbindungsstrategien sind in diesem Fall überhaupt nicht erforderlich. Der Kunde ist vom Lieferanten abhängig – in extremen Fällen sogar bis hin zur existenziellen Bedrohung. Er hängt am »Fliegenfänger« seiner Entscheidung, mit diesem Softwarehaus zu arbeiten.

Beispiel Heizung Angenommen, ein Privatmann baut sich in sein Haus eine neue Heizung ein. Die Wartung für diese Heizung kann nur übernehmen, wer dafür autorisiert ist – und wieder ist Abhängigkeit im Sinne einer *eingeschränkten Wahlmöglichkeit* des Kunden entstanden. Gewechselt wird in diesen Situationen nur noch im Konfliktfall, das heißt, wenn der Wartungsdienst das Kommen verweigert, obwohl die Heizung ausgerechnet Weihnachten und Neujahr ausfällt.

> **Produkte oder Dienstleistungen, die im beratungsorientierten MarktSpiel zu Hause sind, führen bereits infolge der Beratung, erst recht aber nach dem Kauf, den Kunden zu einer eingeschränkten Wahlmöglichkeit, mit wem er künftig zusammenarbeiten will.**

Die eingeschränkte Wahlmöglichkeit Bereits mit der Beratungsleistung beginnt die »eingeschränkte Wahlmöglichkeit des Kunden«. Jedenfalls dann, wenn dieses MarktSpiel und der Beratungsansatz gut durchdacht sind. Die Kernaufgabe des Verkaufs besteht in diesem Fall darin, dem

Kunden deutlich zu machen, dass dieses Projekt, dieses Konzept, diese Vorgehensweise nur mit Unternehmen XY umzusetzen ist.

Aus diesem Grunde ist auch die *Ratgeberkompetenz* des Verkäufers hier am meisten gefordert. Denn nicht von jedem wird jeder Rat auch angenommen.

So begehrenswert der beratungsorientierte Verkauf auch ist: Dieses MarktSpiel ist für Blindleistungen geradezu prädestiniert. Vor allem dann, wenn eine Beratungserfordernis nicht gegeben ist, der Verkäufer sich aber zum Berater berufen fühlt.

Denn – nochmals sei es betont – beraten tut jeder gern, verkaufen hingegen nicht. So wird häufig auf »Teufel komm raus« beraten und beraten und nochmals beraten – bis ein Wettbewerber den Abschluss macht. Es gibt eine Fülle von Berater-Verkäufern, die dem Wettbewerb unbewusst, aber nichtsdestotrotz hervorragend, zuarbeiten.

Die Beratungsfalle

Nehmen wir z. B. einen Vorgang, der am Anfang ganz nach beratungsorientiertem Vorgehen aussieht: Ein Werkzeughersteller macht für seine Kunden Versuche darüber, mit welchem Werkzeug er ein bestimmtes Werkstück am besten bearbeiten kann. Die Versuche sind aufwendig, und das richtige Werkzeug wird herausgefunden. Das ist doch Beratung, oder?

Wenn der Kunde dann aber das definierte Werkzeug an »jeder Straßenecke« kaufen kann, erfüllt dieser Vorgang nicht die Kriterien des beratungsorientierten Feldes, sondern ist Auskunft auf hohem Niveau, mit anschließender Vergleichbarkeit.

Der Kaufvorgang obliegt in diesem Fall dem MarktSpiel des Feldes 1 und damit dem Preiskampf im Wettbewerb.

Das MarktSpiel dieses Falles müsste demzufolge anders gestaltet sein: Die Lösung wäre, den ersten Teil des Vorgangs, nämlich das Herausfinden des richtigen Werkzeuges, als *bezahlungspflichtigen* Beratungsauftrag durchzuführen. Getrennt davon läuft der spätere Bezug der entsprechenden Werkzeuge, entweder im Markt-Spiel *Bedarfsorientierte, einfache Muster* (Feld 1) oder im MarktSpiel *Beziehungsgestaltung* (Feld 2). Dies aber zu erreichen, verlangt schon ein wenig konzeptionelle Intelligenz, die ja ohnehin in diesem MarktSpiel unverzichtbar ist.

Der Anspruch an den Verkauf ist in Feld 3 am größten. So können z. B. auch Produkte oder Dienstleistungen, die sich im MarktSpiel *Bedarf nach einfachem Muster*, befinden, konzeptionell in Feld 3 angehoben werden. Dann aber muss die damit verbundene Konzeption so aufgebaut sein, dass für den Kunden aus dieser Konzeption wieder eine eingeschränkte Wahlmöglichkeit erwächst.

Beispiel Schrauben

Schrauben sind als 08/15-Massenprodukte typische Leistungen des MarktSpiels *Bedarfsorientierung, einfache Muster*. Wenn aber für den Kunden das gesamte Logistikproblem der Beschaffung von Schrauben inklusive des Lagerproblems und der Verfügbarkeit zur richtigen Zeit am richtigen Ort gelöst wird, so entsteht daraus eine konzeptionelle Leistung, die Alleinstellungsmerkmale beinhaltet und demzufolge im Feld 3 zu Hause ist, so z. B. im »Peanuts-Konzept« von Würth für die Industrie.

Dann eben liefert man die Schrauben zum gängigen Marktpreis – aber für die konzeptionelle Vorleistung könnte man auch losgelöst vom Produktpreis Wertschöpfung erzielen. Dies gilt aber nur, wenn die Bedingungen dieses MarktSpiels des beratungsorientierten Verkaufs überzeugend erfüllt sind.

Entscheidend ist, wie das MarktSpiel gestaltet wird und welche Möglichkeiten sachlicher, emotionaler und konzeptioneller Intelligenz in die Konzeption investiert werden. Darin liegt der Königsweg der MarktSpiel-Gestaltung.

Das jagdorientierte MarktSpiel (Feld 4)

Von allen MarktSpielen ist das jagdorientierte MarktSpiel das unbequemste. Es ist das Feld der konsequenten Zielverfolgung wie auch das Feld der spontanen Abschlussorientierung im Verkauf.

Verkaufen als Jagen

Unbequem ist es, weil das MarktSpiel dieses Feldes sehr verbindlich ist – und vom Kunden immer etwas verlangt: sei es in Form von sachlichen oder emotionalen Vereinbarungen (Commitments) mit dem Kunden, sei es in der direkten Form der Abschluss-Konsequenz im Verkauf. Hier geht's immer um ein Ergebnis.

Produkte und Dienstleistungen, die im jagdorientierten MarktSpiel zu Hause sind, verlangen die Spontaneität der Situation. Demzufolge handelt es sich immer um Produkte oder Dienstleistungen, über die hier und jetzt entschieden werden muss – sonst macht der Wettbewerber das Geschäft.

Typisch für dieses Feld sind alle Produkte, deren Verkauf den *Anstoß* benötigen, weil die Kunden den damit verbundenen »Kick« zur Entscheidung brauchen. Gute Propagandisten beherrschen die damit verbundenen Techniken perfekt und führen die Kunden sehr direkt zum Kauf.

Aber auch außerhalb solcher Betrachtungen verkürzt die Konsequenz dieses MarktSpiels oftmals drastisch den Zeitraum zwischen Anbahnung und Abschluss – wenn das Spiel nicht überzogen wird.

Alle Methoden des Hardselling gehören in dieses MarktSpiel. Allerdings ist Hardselling – vor allem im Business-to-business-Bereich – idiotisch und zu Recht wirklich *out*.

Trotzdem ist in diesem Feld die »Jagd« angesagt, und hier muss man Spuren lesen können. Das heißt, im Feld der Jagd-Intelligenz ist das MarktSpiel der systematischen Bedarfsermittlung angesagt.

Die Jagd-Intelligenz

Genau das beherrschen alle erfolgreichen Akteure, die in diesem MarktSpiel zu Hause sind, sehr gut. Ein Jäger, der nur schießt, ist im wahrsten Sinne des Wortes – ein »Knallkopf«.

Das MarktSpiel dieses Feldes erlaubt kein »Herumdümpeln«. »Wirf dein Herz zuerst hinüber, erst dann folgt dir dein Pferd« – weiß man bei den Springreitern. So ist dieses Feld das MarktSpiel der Entschiedenheit, der Durchsetzung, der Konsequenz und des Vereinbarens von Zwischenschritten auf dem Weg zur Zielerreichung.

Produkte oder Dienstleistungen mit relativer Neuheit (Innovationen), die aber von ihrer Wertigkeit noch nicht zu den Investitionsgütern gehören, sind typisch für dieses MarktSpiel des abschlussorientierten Verkaufs.

7.4 Differenzierung der Basis-MarktSpiele

Verkaufsbezogen können nun diese MarktSpiele wie folgt definiert werden:

- Feld 1 = Bedarfsorientierter Verkauf   Bedarfsgerechtes Verkaufen

- Feld 2 = Beziehungsorientierter Verkauf   Kontaktintensives Verkaufen

- Feld 3 = Beratungsorientierter Verkauf   Konzeptionelles Verkaufen

- Feld 4 = Abschlussorientierter Verkauf   Ergebniskonzentriertes Verkaufen

Unterschiedliches Betreuungserfordernis Je nachdem, welche Produkte und Dienste ein Unternehmen verkauft, unterscheidet sich das Betreuungserfordernis für die Kunden in den oberen (2 und 3) und unteren Feldern (1 und 4) deutlich voneinander. So sind die MarktSpiele *Beziehungsgestaltung* und *Beratungsorientierung* mit einem sehr viel höheren Anspruch in Bezug auf das Betreuungserfordernis der Kunden verbunden, als dies in den MarktSpielen der *einfachen Muster* und des *abschlussorientierten Verkaufs* der Fall ist.

Im Feld 1 finden wir in Bezug auf den Verkauf die »einfachste Form«. Es dominiert die Angebotsbreite und/oder die Sortiments-Intelligenz. Der Betreuungsaufwand hingegen ist gering. Wann ruft schon einmal der Filialleiter des Supermarktes oder der Geschäftsführer des Baumarktes an und erkundigt sich, ob man mit dem Einkauf vor zwei Tagen zufrieden war, wann man gedenkt, das nächste Mal zu kommen, und was dann von besonderem Interesse sei?

Feld 1

Im MarktSpiel 4, dem abschlussorientierten Verkauf, handelt es sich sehr oft um Produkte und Dienstleistungen, die von ihrer Art her keine große Betreuung in der Folge erfordern (z.B. Spontan- und Einmalkäufe).

Feld 4

Ganz anders ist dies in den MarktSpiel-Feldern 2 und 3. Hier kommt es auf die intelligente Betreuungsgestaltung an. Im Feld 2 ist sie überwiegend emotional angelegt, im Feld 3 überwiegend kompetenzgetragen. Es kommt dabei auf die Differenzierung und auf die Mischform der Felder an, wie wir noch sehen werden.

Felder 2 und 3

Das MarktSpiel-Differenz-Modell

Die Basis-MarktSpiele haben wir nun beleuchtet. Aus dieser Systematik können die unterschiedlichen MarktSpiel-Gestaltungen abgeleitet werden, wie die nachstehende Grafik als MarktSpiel-Differenz-Modell zeigt:

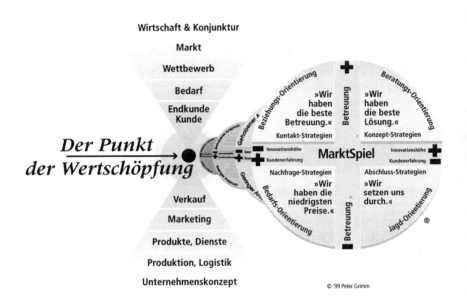

Die individuelle Gestaltung des jeweiligen MarktSpiels bzw. der Mischformen daraus lässt vielen Variationen Raum. Das Schlimmste aber sind *verwaschene* MarktSpiele, bei denen die sarkastische Betrachtung »weder Fisch noch Fleisch« voll zutrifft.

Die Mischformen

Im MarktSpiel-Differenz-Modell werden die vier Felder plakativ als Monofelder dargestellt. Diese vier MarktSpiele können nun in *reiner Form* gespielt werden, was relativ selten ist, oder in *Mischform*, wobei aber außerordentlich wichtig ist, welches der vier Basis-MarktSpiele *Leitfunktion* hat und welche Zubringerrolle die jeweils anderen Felder für das Primärspiel haben.

Nur wenige Unternehmen besetzen lediglich ein Feld. Es sind vielmehr die Mischformen, die den Verkaufsanspruch des Unternehmens und das Verkaufsverhalten seiner Akteure erklären und erwünschtes Verhalten auch erlernbar, trainierbar, machen (darüber später mehr).

Wichtig ist, dass stets *ein* MarktSpiel-Feld dominiert, also Primär-Charakter hat. Wichtig ist auch, wie es energetisch durch die anderen Felder unterstützt oder blockiert wird.

Vielfach wird aber versucht, alle vier MarktSpiele zugleich zu spielen, und das führt unweigerlich zum Verlust eines eigenständigen Profils. *Verzettelung* ist dann angesagt – und das ist die erfolgsfeindlichste Variante aller denkbaren MarktSpiel-Kombinationen.

Fehlende MartSpiel-Wahl führt zu Verzettelung

Geradezu tragikomisch ist es, wenn man z. B. selbst glaubt, »die beste Lösung« (beratungsorientiertes MarktSpiel) zu haben, aber der Kunde keinerlei Unterschiede zu anderen Anbietern sieht. Oder aber wenn sich die Verkäufer als Berater verstehen und partout »beraten« wollen, ein Beratungserfordernis aber gar nicht vorliegt. Der Kunde wird dann »aufgeklärt«, obwohl er weder Aufklärungs- noch Beratungsbedarf hat.

Betrachtet man die Fehlleistungen des Verkaufs aus dieser Sicht, sollte dies zu vielen Aha-Erlebnissen bei den Beobachtungen im Marktgeschehen führen.

Ein berühmter Fall ist Apple. Unter Steven Jobs entwickelte sich das Unternehmen in dem Spiel »Wir haben die beste Lösung«. Nach Steven Jobs suchte und »versteckte« sich Apple in der Nische »Werbung, Grafik und Druck« bis zur Existenzgefährdung. Die ehemals beste Apple-Lösung wurde Allgemeingut, und Apples Niedergang schien unaufhaltsam – bis zu Steven Jobs' Wiederkehr.

Beispiel Apple und Microsoft

Ganz anders Bill Gates: Microsoft beherrscht das MarktSpiel »Wir wollen's wissen und sind aktiv«. Heute kommt kaum ein Unternehmen und erst recht nicht der Markt an Microsoft vorbei.

Es ist überaus interessant, die Strategien von Unternehmen auf diese Weise zu analysieren. So offenbart sich die Bedeutung eines klaren MarktSpiels am deutlichsten.

8. MarktSpiel-Profile im BetriebsSystem des Verkaufs

8.1. Charakterisierung der vier MarktSpiele

Lassen Sie uns die vier Basis-MarktSpiele, aufgegliedert in unserer Kern-Matrix, ab jetzt auch als Grundlage eines BetriebsSystems betrachten, auf dessen Basis der Verkauf und die Verkäufer die Umsetzung in Wertschöpfung präziser zu leisten in der Lage sind. Was ist nun für welches MarktSpiel typisch?

© '99 Peter Grimm

Das bedarfsorientierte MarktSpiel (Feld 1)

Die Botschaft des nachfragegeregelten Verkaufs nach einfachen Mustern lautet: »Wir haben es und sind die Günstigsten.«

Kundenverhalten:

- Die Kunden kaufen Produkte und Dienstleistungen sehr preisorientiert, sind ständig auf »Schnäppchen«-Jagd und bevorzugen bei Preisgleichheit Marken.
- Das Kaufverhalten ist überwiegend rational.
- Die wichtigsten Entscheidungsgründe: Bedarf oder Gelegenheit, Preis in Verbindung mit Bequemlichkeit der Lieferung und schnelle Verfügbarkeit.
- Finanzierungshilfen sind vorhanden.

Verkaufsstil im Umgang mit den Kunden:

- Hilfsbereitschaft, Freundlichkeit
- Systematik, Arbeitsbetonung
- Bestätigung, Auskunftsbereitschaft

Image des Angebotes und des Unternehmens:

- Repräsentative Leistungen auf gutem Niveau
- positive Vergleichbarkeit von Qualität und Kundendienst
- attraktive Preise, Produkte verfügbar bei Bedarf
- Wettbewerbsfähigkeit in Bezug auf Kosten und Qualität
- gut erreichbarer Standort – oder überzeugende Logistik

Attraktoren:

- Gestaltung des »richtigen« Sortiments (Sortimentsintelligenz)
- Standortvorteile, guter Lieferservice und Preisvorteile
- guter Name, Unternehmen gilt als zuverlässig
- durchdachte, kundengerechte Verkaufsförderung
- durchdachte Aktionen (auch, um im Gespräch zu bleiben)

Kundengewinnung und Präsentations-Schwerpunkte:

- niedrige Kosten im Beschaffungsmanagement *(business-to-business)*
- sofortige Verfügbarkeit bei Bedarf
- gut durchdachte Angebots- und Nachfasskultur
- aussagefähige Unterlagen, kostenloser Telefonservice, Preis-Events und Internetpräsenz
- Produktbündelungen (auch *Cross-Selling*)
- Konzentration auf Preisoptik und Leistungsattraktivität

Kundenerhaltung:

- Informationslogistik auf schnelle, entscheidungsreife Auskunft präzisieren, Zusagen konsequent einhalten
- Botschaft: »in Bezug auf Preis und Wert« ist niemand günstiger
- spezielle Kaufanreize schaffen
- Verfügbarkeit, Standort, Sortimentsentwicklung perfektionieren

Das beziehungsorientierte MarktSpiel (Feld 2)

Die Botschaft des beziehungsorientierten MarktSpiels lautet: »Wir haben exzellenten Service und die beste Betreuung.«

Kundenverhalten:

- Die Kunden kaufen standardisierte Produkte / Dienstleistungen.
- Sie verfügen über eigene Sachkenntnis, benötigen wenig Know-how oder Hilfe seitens des Anbieters.
- Sie wollen zuverlässiges Know-how in Lieferung und Service (*just in time* und andere Logistik-Varianten).
- Sie wünschen Marken mit hoher Emotionalität.

Verkaufsstil im Umgang mit Kunden:

- menschenbetonte, emotionale Intelligenz

- kommunikative Kompetenz, Zuhören können
- Förderung guter, persönlicher Beziehungen
- großzügige Gewährleistung und überzeugender Kundendienst
- Referenzförderung durch Aufbau von Beziehungs-Netzwerken
- »Top« in Logistik, Betreuung und Service; Sympathiebetonung
- »Ich bin für dich da«-Philosophie

Attraktoren:

- Loyalität, Zuverlässigkeit, Sympathie, Servicefreundlichkeit
- unbürokratischer Einsatz mit persönlicher Note
- Kunden werden gut betreut und in das Unternehmen integriert
- Produkte und Dienstleistungen werden servicebetont gestaltet
- Interesse am Kunden als Unternehmenskultur verankert

Marketing-Schwerpunkte:

- Vertrautheit gewinnen und ausbauen
- Kundenanalyse und Qualitätsmanagement als permanenter Prozess
- Werbung erfrischend, sympathisch und stimulierend gestalten
- Markentechnik und verlässliche CI (»typisch für X ist Y«)

Kundengewinnung mit Schwerpunkt auf:

- erkennbar kundenbezogenem Denken und Handeln
- merklich besserem Service in Verbindung mit Herzlichkeit
- Atmosphäre mit »Bei uns sind die Kunden zu Hause«-Charakter
- Beziehungsgestaltung statt Kundenverwaltung
- Bemühung, der optimale Partner zu sein

Präsentations-Strategie:

- Persönliche Beziehung aufbauen und Engagement zeigen
- Kunden von Anfang an wie Referenzgeber behandeln
- Netzwerkaufbau mit emotionalem und geschäftlichem Nutzen

Kundenerhaltung:

- Beziehungsgestaltung durch permanente Kommunikation (Club)
- Firmenbesichtigungen, Fachmessen / Ausstellungen (Firmenzeitschrift)
- kundenintegrierende Maßnahmen (Befragungen, Kundenbeirat etc.)
- Erlebnis-Events und Know-how-Transfer durch Kundenseminare und andere Maßnahmen, die die permanente Verbindung fördern

Das beratungsorientierte MarktSpiel (Feld 3)

Die Botschaft des beratungsorientierten MarktSpiels lautet: »Wir sind kompetent und haben die beste Lösung.«

Kundenverhalten:

- Die Kunden müssen komplexe Probleme lösen, da es *immer* um Projekte, Systeme oder individuell abgestimmte Konfigurationen bzw. Konzepte geht.
- Die Kunden sind hier auf Beratung und auf externes Know-how angewiesen. Sie vertrauen auf die sachlich-fachliche Kompetenz des Anbieters.
- Sie benötigen einen fachkundigen Verkäufer mit Beratungskompetenz.
- Nach dem Verkauf ist Coaching und Betreuung erforderlich. Der Kunde ist in seiner Wahlmöglichkeit, zu einem anderen Anbieter zu wechseln, daher deutlich eingeschränkt.

Verkaufsstil im Umgang mit Kunden:

- Aufbau von Vertrauen und Glaubwürdigkeit
- Konzentration auf die beste Lösung: Projekte, Konzepte und Funktionen stehen im Mittelpunkt
- Sog erzeugende Realisierungskompetenz demonstrieren, praktizieren und penetrieren
- Top-Service und Einhaltung aller Zusagen vor und nach dem Verkauf
- Anspruch, der Beste zu sein und die beste Lösung für den Kunden zu wollen

Image des Angebotes und des Unternehmens:

- das Beste bieten, glaubwürdig und kompetent sein
- führendes Konzeptions- und Know-how-Niveau
- auf dem neuesten Stand, innovativ mit relativer Alleinstellung
- Identifikation erzeugende Anziehungskraft des Anbieters in Bezug auf die Zusammenarbeit und das erreichte (oder zu erreichende) Ergebnis

Attraktoren:

- Fachkompetenz mit konzeptioneller Professionalität
- mit dem Kunden gemeinsam die überzeugendste Lösung suchen
- relative Alleinstellung im Markt und im Wettbewerb; als Anbieter und für den Kunden in Bezug auf deren Suche nach optimalen Lösungen

Marketing-Schwerpunkte:

- *Alpha Key*®* entsprechend dem Anspruch erarbeiten
- Analyse der Entscheidungsstrukturen bei erwünschten Kunden
- Präsentationsintelligenz und Nachbetreuung
- Erwartungs-Differenz-Analysen zur Klärung von Entscheidungsmustern bei komplexen Strukturen in Projekten oder Unternehmen

* eingetragenes Warenzeichen, siehe Verzeichnis der geschützten Begriffe am Buchende

Kundengewinnung:

- maßgeschneidertes Angebot mit hoher Realisierungssicherheit
- konzeptionelle Intelligenz zur Lösung komplexer Fragen
- Verzicht auf Belehrungen; stattdessen partnerschaftliche Professionalität
- Lösungen, Coaching, Schulung und Service aus einer Hand

Interesse gewinnen über:

- außergewöhnliches Konzept mit nachvollziehbaren Nutzenberechnungen; Darstellen und Aufzeichnen der Nachteile, wenn die Lösung anders vollzogen wird als vorgeschlagen

Präsentations-Strategie:

- auf höchster zuständiger Unternehmensebene präsentieren
- auf Konzept-Profilierung und Umsetzungssicherheit setzen
- Fallbeispiele als Nachweis der Botschaft führen: »Nur mit uns lassen sich die optimalen Ergebnisse erzielen.«
- Spezialisten zur Entwicklung von maßgeschneiderten Lösungen einsetzen; keine Differenz zwischen Anspruch und Realität

Finaltechniken:

- auf Konzepterstellung oder Vortest einigen; Teilschritte abschließen
- schriftliche Vereinbarung zur Umsetzungssicherheit vorschlagen
- Projekt- bzw. Konzeptabläufe erarbeiten
- Vorgehensweise, »nächste Schritte« und Ergebnisse abstimmen

Kundenerhaltung:

- Informationen über neue Erkenntnisse und Entwicklungen penetrieren
- Kunden in Innovationsgestaltung miteinbeziehen, Kunden profilieren
- zum beziehungsorientierten Verkauf übergehen, wenn der Know-how-Vorsprung gegenüber dem Kunden schrumpft
- Service entsprechend Anspruch und Kundenbedarf

Das jagdorientierte MarktSpiel (Feld 4)

Die Botschaft des jagdorientierten MarktSpiels lautet: »Wir sind aktiv und wollen es wissen.«

Kundenverhalten:

- Kunden wollen den Anstoß zum Kauf, brauchen den »Kick«.
- Sie brauchen Unterstützung und Anschub zur Entscheidung.
- Sie wollen emotional gewonnen, aber nie getäuscht werden.

Verkaufsstil im Umgang mit den Kunden:

- durchdachte Vorgehensweise auf Grund guter Kenntnisse
- exzellente Bedarfsermittlung (ein Jäger muss »Spuren lesen« können)
- Erzeugung von Spontan-Zustimmung mit »Einfühlung« und Commitment-Techniken
- dynamisch, durchdacht im »Hier und Jetzt«, charismatisch, konsequent und intelligent
- kein »Herumdümpeln«, entschiedenes und klares Vorgehen

Image des Unternehmens:

- jung, innovativ, dynamisch, wachstumsorientiert
- erfrischend in der Vorgehensweise, aktiv
- konsequent und zielklar in Auftritt und Wirkung

Marketing-Schwerpunkte:

- auf »Erobern« eingestellt
- Werbung aggressiv, spritzig
- ergebnisbetonte Konzepte und ausgefallene Events

Attraktoren:

- Ereignisse inszenieren, Showelemente einsetzen
- Einmaligkeit oder Vorsprung vor anderen zeigen
- an Pioniergeist appellieren
- innovativ und aktiv sein

Präsentations-Strategie:

- auf- und anregend, sogar dramatisch, entschieden »für etwas« sein, aufwertend gegenüber den Kunden
- mit dosierter Provokation gegenüber »anderen« Lösungen bzw. Angeboten
- entscheidungsfördernde Anreize in Bezug auf den Augenblick einbauen; auf jeden Fall weiterführende Schritte abstimmen

Finaltechniken:

- von Anfang an den Abschluss deutlich wollen
- konsequentes Commitment einsetzen
- selbst entschieden sein und für die Kunden denken

(Die Charakterisierung der MarktSpiele entstand in Anlehnung an Stevens/Cox 1991.)

8.2 Emotion und Ratio

Emotionale und rationale Energien formen und prägen Verhalten und Wirkung von Menschen und Organisationen. Sie formen aber auch die MarktSpiele und die damit verbundene Wirkung nach innen und nach außen.

Es gibt überwiegend emotionale oder rationale MarktSpiele, wie es auch überwiegend emotional oder rational eingestellte Menschen gibt.

In einem MarktSpiel, das überwiegend emotionale Energie benötigt, wird sich ein kühl-distanzierter »Ratio-Mensch« wohl kaum wohl fühlen. Er kann zwar die erforderlichen Techniken lernen, aber er wird sie nur ratiobetont anwenden.

Das bedarfsorientierte MarktSpiel ist überwiegend ratiobestimmt und auf der Zeitachse vergangenheitsbewusst, also eher konservativ dominiert. Es geht um das kühle Durchdenken z. B. von ratioorientiertem Preiskampf – und um die *Sache*. **Feld 1**

In Feld 1 wird die Ratio benutzt, um vergangene Erfahrungen in der Gegenwart umzusetzen bzw. Vorhandenes bewahrend zu verwalten.

Das beratungsorientierte MarktSpiel ist als Entwicklungsspiel ebenfalls überwiegend ratiobetont, aber mit der zeitlichen Dimension der Zukunft (für die Vergangenheit kann man nichts entwickeln). **Feld 3**

Eine Problemlösung muss rational durchdacht, individuell entwickelt und überzeugend umgesetzt werden. Beratungsleistungen verlangen überwiegend rationale Sachkompetenz, die auch bestimmend für den Erfolg in diesem MarktSpiel ist.

Die Attraktoren Profilierung und Identifikation werden in diesem MarktSpiel ratiobetont erzeugt, ebenso durchdacht und mit konzeptioneller Intelligenz im Hinblick auf emotionale Wirkung entwickelt.

Geschieht dies nicht, so dominiert Erbsen zählende Rechthaberei das Spiel. Dann aber wird es fad und braucht ebenso fade Kunden. Das wird die Zukunft jedoch nicht mehr dulden.

In Feld 3 wird die Ratio benutzt, um Problemlösungen für die Zukunft zu entwickeln und Sachkompetenz zu demonstrieren.

Feld 2 Das beziehungsorientierte MarktSpiel benötigt emotionale Energie. Diese wird gebraucht, um Beziehungen aufzubauen, zu festigen und sie gegen Angriffe von anderen zu verteidigen. Die beziehungsgestaltende Anziehungskraft unterscheidet sich sehr stark von der lösungsorientierten Anziehungskraft.

Da in diesem MarktSpiel auch die Betonung des Menschen so außerordentlich bedeutungsvoll ist, ist der Attraktor »Nähe« der Anker dieses MarktSpiels. Kühle »Ratio-Typen« tun sich allerdings schwer, Nähe zu praktizieren.

In Feld 2 wird Emotion eingesetzt, um Kundenbeziehungen aufzubauen und zu erhalten.

Feld 4 Das jagdorientierte MarktSpiel ist ebenfalls ein emotionales Feld. Unternehmen und Verkäufer, die in diesem MarktSpiel Erfolg haben wollen, müssen aber auch wissen, dass ein Jäger hegt und pflegt und niemals nur drauflosschießt. Er kann auf den richtigen Zeitpunkt warten: nicht zu früh, aber auf keinen Fall zu spät.

Trotzdem: Hier geht es um das Jagen nach Marktanteilen, Aufträgen, Ergebnissen, Erfolgen. Es ist kein MarktSpiel für Langeweiler und für Langatmigkeit. Geduld ist hier ebenso wenig eine erfolgsfördernde Tugend wie distanzierte Zurückhaltung. Man will es eben wissen ...

In diesem Spiel geht es darum zu sagen, was man will, und dafür auch klar einzutreten. Entschiedenheit in Auftreten und Positionierung ist hier der überwiegend emotional angelegte Anker der Wirkung.

In Feld 4 wird Emotion eingesetzt, um Erfolge zu erjagen.

8.3 Die MarktSpiel-begleitenden Faktoren

Es besteht ein wesentlicher Unterschied zwischen der Aufgabe, den vorhandenen Bedarf des Marktes auf seine Mühlen zu lenken, oder derjenigen, einen (oft nur latent vorhandenen) Bedarf (neu) zu formen. Eine weitere Differenzierung beinhalten die Aufgaben »Gestalten« und »Umsetzen«; darüber später mehr.

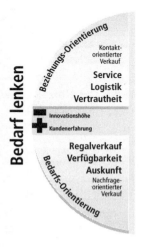

Die MarktSpiel-Felder 1 und 2 »Bedarfsorientiert« und »Beziehungsorientiert« repräsentieren die Aufgabe »Bedarfslenkung«.

Die MarktSpiel-Felder 3 und 4 »Beratungsorientiert« und »Jagdorientiert« beinhalten die Aufgabe »Bedarfsformung«.

Den Bedarf lenken

Produkte und Dienstleistungen der MarktSpiel-Felder Bedarfsorientierung und Beziehungsorientierung entsprechen der volkswirtschaftlichen Definition der *vollständigen Konkurrenz*. Vom Prinzip her sind sie vergleichbar, und der basisbezogene Anspruch an den Verkauf ist »auskunftsbezogen«, da eine Beratung schon deshalb nicht erforderlich ist, weil sich die Kunden hier selbst gut auskennen.

Es kommt also darauf an, das Wasser des Marktes auf seine eigenen Mühlen zu lenken. Dies geschieht im bedarfsorientierten MarktSpiel am häufigsten durch die Kombination Sortiment / Preis und im beziehungsorientierten MarktSpiel durch die Betonung Vertrautheit / Kontakt, am besten noch in Verbindung mit Markenanspruch.

In der Kombination der beiden MarktSpiel-Felder 1 und 2 ist von elementarer Bedeutung, welches Feld welches MarktSpiel führt und welches Feld die Bedarfslenkung stützt. So kann man durch ein gutes Beziehungsmanagement mit einer entsprechenden Preisstrategie Goodwill (Beziehungen) »kaufen«. Ebenso kann man mit einem guten Beziehungsmanagement das Preisniveau stabil halten – wenn man jeweils sein erwünschtes MarktSpiel beherrscht. Man muss sich hier klar entscheiden – sonst entscheiden die Kunden!

Den Bedarf formen

Bei der Bedarfsformung haben sich die Spielregeln geändert. Der Bedarf ist nur latent oder noch gar nicht vorhanden; er muss geweckt, also »geformt« werden.

Im beratungsorientierten MarktSpiel ergibt sich aus diesem Zusammenhang das Beratungserfordernis. Durch die Konsequenz des jagdorientierten MarktSpiels wird die Bedarfsformung konkret. Sonst träumt man möglicherweise nur ...

Es besteht hier ein gravierender Unterschied darin, ob die Bedarfsformung durch ein *jagdgestütztes BeratungsSpiel* – oder durch ein *beratungsgestütztes JagdSpiel* erfolgt. Auch hier tut man wirklich gut daran, sein erwünschtes MarktSpiel bewusst zu entscheiden und konsequent zu spielen. Wie schon gesagt, entscheidet sonst der Markt bzw. eben die Kunden allein.

Etwas zu gestalten ist ein kreativer Prozess, der eigentlich nie aufhört. Das einzig Beständige ist der Wandel, so auch im Verkauf. Hier lautet die gleiche Erkenntnis:

Die Gestaltung im beziehungsorientierten Spiel

> **Verkaufen ist wie Rudern gegen den Strom:**
> **Sobald man aufhört, treibt man zurück.**

Beziehungen werden geknüpft und bewusst oder unbewusst mehr oder weniger gut gestaltet. Am Anfang gibt man sich Mühe. Später läuft man häufig Gefahr, die geschaffenen Beziehungen in der Routine versanden zu lassen.

Da ist der junge Mann, der mit seiner Angebeteten in jenem Café sitzt. Die Welt um die beiden versinkt. Voller Inbrunst sagt er: »Niemand liebt dich so wie ich ...« Nun ja, sie glaubt es ihm, und die beiden heiraten. Zehn Jahre später sagt er zu ihr: »Niemand liebt dich, wieso sollte ich es tun?«

Routine erstickt Beziehungen

Eine kluge Frau sagte einmal: »Rettet die Liebe, verbietet die Ehe.« Der Tod jeder Beziehung ist auf Dauer die *Routine*. Beziehungen erfrischend zu gestalten und jung zu erhalten ist ganz gewiss nicht einfach.

> **Beziehungs*gestaltung* statt Beziehungs*verwaltung***
> **heißt die Formel gegen Abschleifung und Routine. Dies**
> **gilt auch im Verkauf.**

Das beziehungsorientierte MarktSpiel fordert die Beziehungsgestaltung als Erfolgsfaktor und verlangt, dies mit Klugheit und emotionaler Intelligenz zu tun. Auch und gerade hier gilt, anders als andere zu sein. Wenn alle das Gleiche tun, dann wird es eben früher oder später fad.

Das beratungsorientierte MarktSpiel mit seinen entwicklungsbezogenen Herausforderungen (Innovationen in Produkten und Dienstleistungen) beinhaltet als Erfolgsfaktor die *konzeptionelle Beratungsgestaltung*, die *Ratgeber-Kompetenz*. Dies gilt ganz gewiss in allererster Linie für solche Produkte oder Dienstleistungen, die »von Natur aus« beratungsbedürftig sind.

Die Gestaltung im beratungsorientierten Spiel

Diese Anforderung gilt aber vor allem auch dann, wenn an sich vergleichbare Produkte und / oder Dienstleistungen mit konzeptioneller Intelligenz in das beratungsorientierte MarktSpiel und damit in eine höhere Wertigkeit (zurück)geführt werden sollen – und hierfür *Gestaltungsintelligenz* erforderlich ist.

Fehlende Gestaltungs- intelligenz

Keinerlei Gestaltungsintelligenz liegt z. B. dann vor, wenn – wie vielfach üblich – Firmen für ihre Kunden im Vorfeld von Aufträgen enorme Anstrengungen unternehmen, um eine Problemlösung zu erarbeiten, diese mit konstruktiven Zeichnungen ausgestalten und dann dem Kunden zum Beweis ihrer Kompetenz und in Erwartung des Auftrages zur Verfügung stellen. *Kostenlos*, versteht sich.

Der Kunde sagt in diesem Fall noch nicht einmal Danke, nimmt die teuer erarbeiteten Unterlagen – und fügt diese seinen Ausschreibungsunterlagen bei, um bei Wettbewerbern seines Lieferanten anzufragen, wer diese Konzeption zu welchem, natürlich weit günstigeren, Preis umsetzen kann ...

Vorleistungen für den Wettbewerb

So gehen an sich intelligente Unternehmen in Vorleistung für potenzielle Wettbewerber, und zwar mit der Begründung: »Der Markt verlangt es so ...«

Ladeneinrichtungsfirmen, Maschinenbauunternehmen, Werbeagenturen und viele andere – alle haben sich damit abgefunden und spielen mit. Bestenfalls bittet man seinen potenziellen Kunden, die Vorleistung zu bezahlen; sie wird dann bei Auftragserteilung »verrechnet«, was der Kunde mittlerweile in schöner Regelmäßigkeit freundlich, aber bestimmt ablehnt. »Die anderen machen es ja auch ohne Berechnung von Vorleistungskosten«, so heißt es dann.

Wenn das Unternehmen nach allen Vorleistungen schließlich doch den Zuschlag bekommt, dann oft genug zu einem »Wahnsinnspreis«, so dass es ohnehin nichts, aber wirklich gar nichts mehr zu »verrechnen« gäbe.

Von konzeptioneller Intelligenz des Unternehmens – aber eben trauriger Weise auch des Vertriebs – ist weit und breit nichts zu spüren. Dafür braucht man dann auch keinen Verkäufer mehr. Das Internet lässt freundlich grüßen.

Sowohl das beziehungsorientierte als auch das beratungsorientierte MarktSpiel erfordern eine Gestaltung.

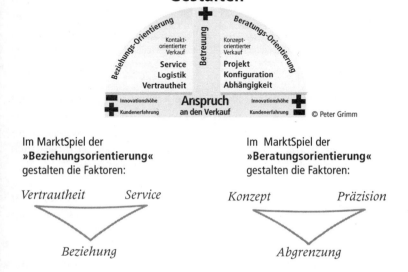

Im MarktSpiel der »Beziehungsorientierung« gestalten die Faktoren:

Vertrautheit   Service

Beziehung

Im MarktSpiel der »Beratungsorientierung« gestalten die Faktoren:

Konzept   Präzision

Abgrenzung

Sowohl im bedarfsorientierten als auch im jagdorientierten MarktSpiel geht es primär um die Umsetzung in Erfolg. Beide MarktSpiele beinhalten ein *unmittelbares Realisierungserfordernis*.

Die MarktSpiel-Felder der Umsetzung

Beide Felder leben *unmittelbar* von der Kaufentscheidung des Kunden. Deshalb ist es in diesen Feldern so wichtig zu wissen, nach welchen Mustern sich die Kunden zum Kauf bzw. für eine Zusammenarbeit entscheiden oder verweigern.

Entscheidende Bedeutung erhält hier die Konzeption der Umsetzung in Verbindung mit der scheinbar simplen Frage, ob z. B. ein bedarfsorientiertes MarktSpiel mit einem höheren Jagdanteil ausgestaltet und damit im Wettbewerb sehr viel aktiver wird (= bedarfsgestütztes JagdSpiel), oder aber ob mit einer aggressiven

Preisgestaltung mehr Marktanteile erobert werden sollen (= jagdgestütztes BedarfsSpiel).

In jedem Falle geht es um die bessere oder wirksamere Nutzung vorhandener Ressourcen, um die bessere Realisierung und Umsetzung vorhandener Möglichkeiten.

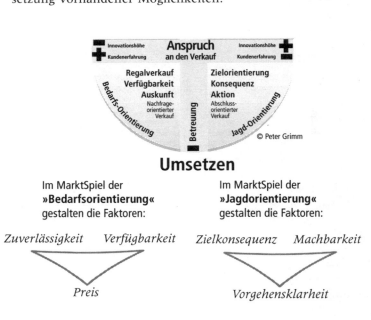

Im MarktSpiel der
»**Bedarfsorientierung**«
gestalten die Faktoren:

Zuverlässigkeit   Verfügbarkeit

Preis

Im MarktSpiel der
»**Jagdorientierung**«
gestalten die Faktoren:

Zielkonsequenz   Machbarkeit

Vorgehensklarheit

8.4 Die Präzisierung der MarktSpiele

Wie sehr sich die einzelnen Felder in der Bedeutung tatsächlich voneinander unterscheiden, verdeutlicht die nächste Grafik mit der Übersicht über deren jeweilige Einflussfaktoren.

Im bedarfsorientierten MarktSpiel dominiert die *Sache*, also die überwiegend rational-nüchternen Aspekte der Verfügbarkeit und der Preisgestaltung. Der Name *Aldi* steht hier als Musterbeispiel für dieses MarktSpiel.

Konzentration auf die Sache

Im beziehungsgestaltenden MarktSpiel ist die Konzentration auf das *Menschliche* der Erfolgsattraktor. Sie ist hier die zu lösende konzeptionelle Marketingaufgabe. Im Wettbewerb gewinnt die beste bzw. glaubwürdigste Betreuung. Würth (Montagetechnik) und Mövenpick (Gastronomie) sind typische Beispiele dieser Markt-Spiel-Gestaltung.

Konzentration auf das Menschliche

Im beratungsorientierten MarktSpiel liegt die Betonung auf der *Profilierung* als (möglichst allein stellende) Abgrenzung zum Wettbewerb. Das Image, für eine spezielle Lösung der optimale Partner zu sein, ist in diesem MarktSpiel der Erfolgsattraktor.

Konzentration auf die Profilierung

Im jagdorientierten MarktSpiel ist die Konzentration auf die *Entscheidung* der erfolgsbestimmende Attraktor. Jede Schwammig-

Konzentration auf die Entscheidung

keit und vor allem das Hängenbleiben bei Möglichkeiten, Eventualitäten oder Zufälligkeiten ist hier von Übel.

Das MarktSpiel der Ergebnis-Konsequenz ist nicht das Spiel der unentschlossenen Wanderer auf dem Weg der Zufälle. Microsoft, SAP, 3M und viele andere heute strahlende Namen wollten und wollen es wissen und sind noch immer in diesem MarktSpiel zu Hause. Das gilt ebenso für Würth, den Montageprofi. Das Unternehmen geht voll und ganz in diesem Spiel auf, setzt aber verkaufsbezogen das beziehungsgestaltende MarktSpiel ein.

8.5 Vier GrundSpiele und zwölf Mischformen als Kombinationen

Wir haben die vier MarktSpiele als »Monospiele« kennen gelernt. Kein Unternehmen aber spielt nur *ein* Spiel. Wichtig bleibt jedoch nach wie vor, welche MarktSpiele dominieren und wie sie sich energetisch unterstützen oder blockieren. So ergeben sich aus Monofeldern und Mischformen folgende Kombinationen:

Das BeziehungsSpiel

- Bedarfsgeführtes BeziehungsSpiel
- Beratungsorientiertes BeziehungsSpiel
- Jagdgestütztes BeziehungsSpiel

Das BedarfsSpiel

- Beziehungsgeführtes BedarfsSpiel
- Beratungsorientiertes BedarfsSpiel
- Jagdgestütztes BedarfsSpiel

Das BeratungsSpiel

- Bedarfsorientiertes BeratungsSpiel
- Beziehungsgeführtes BeratungsSpiel
- Jagdgestütztes BeratungsSpiel

Das JagdSpiel

- Bedarfsorientiertes JagdSpiel
- Beziehungsgeführtes JagdSpiel
- Beratungsgestütztes JagdSpiel

© '99 Peter Grimm

Intro- oder Extrovertierung

Es sind zwölf Variationen erkennbar, die nun je nach MarktSpiel überwiegend introvertiert oder überwiegend extrovertiert gelebt werden können.

Ob ein MarktSpiel introvertiert oder extrovertiert angelegt ist, richtet sich zum einen nach den Temperamenten der Akteure – und zum anderen nach der generellen Anlage des MarktSpiels. So wie es introvertierte Berater gibt, gibt es auch introvertierte Jäger. Gerade hier gilt aber: Stimmigkeit geht vor Möglichkeit.

Die Präzisierung des MarktSpiels verlangt aber auch die Auseinandersetzung mit den Faktoren: Vergleichbarkeit contra Alleinstellung.

Vergleichbarkeit oder Alleinstellung

Es ist ganz einfach: Je größer die Vergleichbarkeit, desto geringer ist die Alleinstellung im Wettbewerb. Das ist eine einfache Formel, und es ist wirklich erstaunlich, wie konsequent dagegen verstoßen wird.

Vor allem dann, wenn man seine Vergleichbarkeit einfach nicht wahrhaben will und sich mit *Pseudovorteilen* (besonders beliebt: die Qualität) in eine Preisgestaltung hineinwagt, die auf dem angesetzten Niveau kein Verkäufer halten kann. Die Kunden lassen sich nämlich von den angeblichen Vorteilen nicht mehr beeindrucken, weil sie die damit verbundenen Leistungen längst im Feld der reinen Bedarfsorientierung sehen.

1. In welchem Feld bzw. in welcher Mischform der Felder sehen sich ein Unternehmen und der Verkauf?
2. Wie sehen das die Kunden? Und wie die eigenen Verkäufer?
3. Wie will das Unternehmen künftig sein MarktSpiel gestalten? Was bedeutet das für den Vertrieb und die Verkäufer im künftigen Kundenmanagement?
4. Welche Verkäufer sind für welches MarktSpiel besonders geeignet, und wer kann es eben nicht leisten?
5. Welches Rollenverständnis muss erarbeitet werden, und welches Know-how fehlt den Verkäufern in diesem Zusammenhang?
6. Welche Einflussfaktoren müssen für die Gestaltung des künftigen BetriebsSystems des Verkaufs noch berücksichtigt werden?

Checkfragen zur Bestimmung der MarktSpiele

9. Difference-Modelling: MarktSpiele definieren und präzisieren

9.1 MarktSpiel-Analyse und Kundenbestimmung

Sowohl für den Aufbau des BetriebsSystems als auch für die Präzisierung des MarktSpiels ist eine verlässliche Analyse darüber, in welchem Spiel und in welchen Mischformen von Spielen man sich befindet, von großer Bedeutung. Wenn ich ein anderes Ziel anpeile, muss ich zuerst einmal wissen, wo ich mich hier und jetzt befinde. Eine solche Analyse besteht sinnvollerweise aus drei Schritten, die unterschiedliche Sichtweisen von drei Instanzen einbeziehen:

Drei Analyse-Schritte

1. Die Sichtweise der Unternehmensführung: Vorstände, Geschäftsführer, Vertriebsleitung
2. Die Sichtweise der Kunden (!): der vorhandenen, der potenziellen und der verlorenen (vgl. dazu Kapitel 10)
3. Die Sichtweise des Verkaufs: Außendienst und verkaufsbezogener Innendienst

Für die Praxis in der Zusammenarbeit mit unseren Kunden haben wir spezielle MarktSpiel-Tendenz-Profile mit hohem Präzisionsgrad erarbeitet, die EDV-technisch ausgewertet werden und in einer Kombination von mathematischer und grafischer

Darstellung für alle Beteiligten buchstäblich Einsicht im Sinne von »einer Sicht *(Ein-Sicht)*« ermöglichen.

Als Teil unseres Difference-Modelling können wir auf diese Weise nicht nur die unterschiedlichen Bewertungen der MarktSpiele deutlich herausarbeiten, sondern auch die Differenzen zwischen dem MarktSpiel und dem Anspruch, den das Unternehmen an den Verkauf bzw. die Verkäufer hat.

Hier ein visualisiertes Fallbeispiel, das die Bedeutung einer solch analytischen Vorgehensweise deutlich machen soll: Dem hier genannten Unternehmen geben wir den Namen Phantom AG.

Ein Fallbeispiel

Es handelt sich dabei um ein Unternehmen der Elektrowerkzeugbranche, das über den einschlägigen Fachhandel verkauft. Es werden uns bei dieser Fallstudie Begriffe begegnen, auf die in Kapitel 10 näher eingegangen wird. Dazu gehören:

- MarktSpiel-Tendenz-Profil (MTP),
- Verkaufs-Anspruch (VKA) und
- Verhaltens-Tendenz-Profil (VTP).

Die Phantom AG war ein sehr erfolgreiches Unternehmen, das sich, wie so viele andere auch, Mitte der Neunzigerjahre plötzlich in einem verheerenden Preiskampf wiederfand. Um das Unternehmen wieder auf Erfolgskurs zu bringen, wurde ein neuer Geschäftsführer eingesetzt, der die Situation auch in Bezug auf seine Vertriebsleistung neu bewerten ließ.

Wie alle technologieverliebten Hersteller war die Phantom AG zutiefst davon überzeugt, im Feld 3 (beratungsorientierter Verkauf) zu Hause zu sein. Entsprechend führten die Verkäufer ihre Gespräche und die Argumentation in voller Konzentration auf den technischen Nutzen, den der Fachhandel seinen Kunden mit den Produkten der Phantom AG bietet. Irgendwie aber zündete dies nicht mehr, und so wurde mit der Geschäftsführung unser MarktSpiel-Tendenz-Profil (MTP) und der Anspruch an den Verkauf (also wie die Produkte der Phantom AG von den Verkäufern verkauft werden sollen) erarbeitet. Hier die Ergebnisse:

MarktSpiel-Tendenz-Profil und Verkaufs-Anspruch

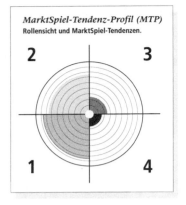

Das MarktSpiel-Tendenz-Profil (MTP) veranschaulicht die Einschätzung der Unternehmensleitung hinsichtlich des MarktSpiels der Phantom AG.

Es zeigte sich, dass sich die Phantom AG in einem beziehungsgestützten Bedarfsspiel mit Alibi-Beratungsfunktion befand. Die guten Kontakte zum Handel benutzte dieser nun umgekehrt, um immer mehr Rabatte bei steigendem Service zu fordern. Das Jagderfordernis wurde gar nicht mehr wahrgenommen.

Der Verkaufs-Anspruch (VKA) macht dagegen deutlich, welcher Anspruch an die Verkäufer gestellt wurde.

Hier kam zum Bewusstsein, dass man weiter auf Beratung und Beziehung setzte, aber den mit Feld 1 verbundenen Preiskampf einfach nicht wahrhaben wollte. Stattdessen sollten sich die Verkäufer »durchsetzen«, worauf sie überhaupt nicht vorbereitet waren, da dies früher nicht erforderlich gewesen war. Außerdem hatte man ja gute Kontakte zum Fachhandel ...

So dagegen sahen die Verkäufer ihren Einsatz:

Verhaltens-Tendenz-Profil

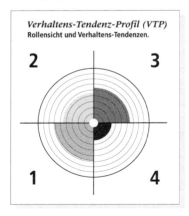

Das Verhaltens-Tendenz-Profil (VTP) zeigt das verkäuferische Selbstverständnis und damit das tatsächliche Verkaufsverhalten der Akteure.

Diese setzten weiter auf Beratung und nahmen den Preiskampf als unabdingbar in Kauf. Durch das fehlende Verständnis für die Jagd (Feld 4) wurden die Interessen der Phantom AG zunehmend durch bereitwilliges Nachgeben vernachlässigt. Ein in der Tat problematisches Spiel, das die Phantom AG teuer bezahlte!

Die drei Profile noch einmal im Vergleich:

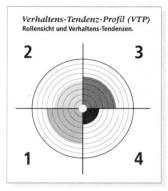

9.2 Das MarktSpiel-Tendenz-Profil

Das MarktSpiel-Tendenz-Profil (MTP) zeigt, wie ein Unternehmen seinen Markt **tatsächlich**, jenseits von Wunschvorstellungen, bearbeitet.
Es zeigt aber auch, inwieweit die unternehmerische Absicht mit Marketing, Verkauf und dem Kaufverhalten der Kunden übereinstimmt und ob das jeweilige MarktSpiel als systemische Einheit zwischen Wunsch und Wirklichkeit in sich stimmig ist.
Ungereimtheiten im MarktSpiel werden von den Kunden und auch oft genug vom Wettbewerb verständlicherweise in irgendeiner Form zum eigenen Vorteil ausgenutzt.

Analyse des Fallbeispiels

In unserem Beispiel zeigte die Analyse, dass sich die Phantom AG – ohne sich darüber im Klaren zu sein – primär im bedarfsorientierten MarktSpiel bewegte. Die verlässliche Qualität der Produkte sorgte in Verbindung mit einem zuverlässig die Kunden betreuenden Außendienst und braver Werbung für den erforderlichen Umsatz, wenn auch bei zunehmendem Ertragsverfall.

Flexible Kreativität ist nicht die Stärke der Phantom AG. Im (künftigen) Wettbewerb würde sie nur dann überleben, wenn sie fast jeden Preiskampf bestehen könnte. Demzufolge musste sie mit großen Anstrengungen die Kostenführerschaft anstreben. Das aber versuchten auch die anderen.

Der gute Kontakt zu ihren Kunden ist für die Phantom AG lebenswichtig, und genau deshalb setzte sie alles daran, diese guten Kontakte nicht durch allzu unbequeme verkäuferische Verhaltensweisen in Frage zu stellen. Der ständige Kampf um Konditionen kostete ohnehin viel Kraft und auch Motivation.

Mit der Gewinnung neuer Kunden tat man sich dagegen sehr schwer. Der Außendienst hatte dafür einfach zu wenig Zeit. Man kam ohnehin kaum mit der Betreuung der vorhandenen Kunden nach. Die Neukundengewinnung war zudem ein mühseliger Weg, der – so die Meinung – zusätzlich noch mit enormen Preisnachlässen bezahlt werden musste.

Deshalb graste man lieber die alten Pfründe ab, auch wenn sich darunter Kunden (in unserem Falle Fachhändler) befanden, die es in absehbarer Zeit gar nicht mehr geben würde. Aufstrebende neue Kunden und deren Potenziale wurden so kampflos dem Wettbewerb überlassen.

9.3 Der Verkaufs-Anspruch

Die zentralen Fragen des Verkaufs-Anspruchs (VKA) lauten:
- **Wie soll »bei uns« verkauft werden?**
- **Welche bewussten oder unbewussten Anforderungen stellt man aus Unternehmenssicht an den Verkauf?**
- **Welches MarktSpiel soll praktiziert werden?**

Die Analyse des Verkaufs-Anspruchs zeigt sehr klar die Differenzen unterschiedlicher Erwartungen mit dem Ziel, über visualisierte Differenzen (Difference-Modelling) Einsicht (Ein-Sicht = eine *gemeinsame* Sicht) zu schaffen. Nur so erreicht man die volle Energie aller Instanzen.

Die Phantom AG lenkte zwar beziehungsgestützt den vorhandenen Bedarf auf ihre Mühlen, bezahlte dies aber mit ungewolltem Preiskampf. Betont wurde jedoch die Beratungsorientierung, weil sich die Produkte auf technisch hohem Niveau befanden.

Analyse des Fallbeispiels

Übersehen wurde dabei aber, dass diese Produkte beim Kauf und danach keine konzeptionellen Beratungen brauchen und eigentlich »an jeder Ecke« zu bekommen waren. Da das Unternehmen diese Zusammenhänge nicht erkannte, lag es ständig im Preiskampf.

Jetzt musste sich die Phantom AG entscheiden: Entweder sie nahm den Preiskampf bewusst an (wobei sie auch die Kostenführerschaft anstreben musste), oder sie suchte nach neuen Wegen und Konzepten, wie sie die starke Neigung zum beratungsorientierten Verkauf mit Leben erfüllen konnte.

Da dies über die Produkte äußerst problematisch geworden wäre, musste über ein neues systematisches Beratungskonzept nachgedacht werden, das, zunächst losgelöst von den Produkten, neue Attraktivität und Wertschöpfung ermöglichte. Dass dabei gleichzeitig auch die Produkte nicht zu kurz kommen durften, versteht sich von selbst.

9.4 Das Verhaltens-Tendenz-Profil

Das Verhaltens-Tendenz-Profil (VTP) zeigt die »innere Einstellung«, das Selbstverständnis der Verkäufer, in Bezug auf ihr bewusstes oder unbewusstes Markt-Spiel-Empfinden. Hier spiegeln sich auch die vom Verkäufer erlebten Kundenerwartungen und das eigene Rollenverständnis, das entscheidend für den jeweils individuell praktizierten Verkaufsstil ist.
Am erfolgreichsten sind Verkäufer natürlich dann, wenn MarktSpiel, Verkaufsanspruch und eigenes Rollenverständnis übereinstimmen – und die damit verbundenen Verhaltens- und Kommunikationsfähigkeiten verfügbar sind.

Analyse des Fallbeispiels

Die Verkäufer der Phantom AG waren für die Kunden zuverlässig und durchaus beliebt. Durch die starke Kontaktüberschätzung allerdings glaubte die Sales-Force, sich der Kunden (des Fachhandels) und ihrer Potenziale sicher zu sein. Routine dominierte die Kontakte, und statt Beziehungsgestaltung wurde Beziehungsverwaltung praktiziert.

Argumentativ konzentrierten sich die Verkäufer auf die Technik. Hier waren sie sicher und konnten »beraten«. Die Bedeutung der Unternehmensleistung im Hinblick auf den Erfolg der Kunden aber wurde nicht kommuniziert. Vergleichbarkeit statt Alleinstellung dominierte.

Auf Grund der neuen Klarheit und in Verbindung mit den neu entwickelten Konzepten konnten dann das BetriebsSystem für den Verkauf präzisiert und die Verkäufer mit einem neuen Rollenverständnis für ihr jeweiliges MarktSpiel »aufgeladen« werden.

Die visualisierte Neuorientierung sah folgendermaßen aus:

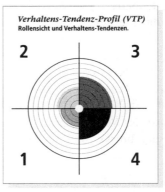

Die Veränderungen im MarktSpiel der Phantom AG

Die Veränderungen in MarktSpiel, Anspruch und Verhalten, plakativ dargestellt:

- Feld 1: weg von der Kundenverwaltung, stattdessen eine kundenintegrierende Verkaufsorganisation.
- Feld 2: weg von »Kaffeebesuchen«, stattdessen Aufbau einer potenzialorientierten Beziehungsgestaltung.

- Feld 3: weg von überflüssiger, produktverliebter Argumentation, stattdessen systembezogene, kundenintegrierte Beratung mit Alleinstellungsanspruch.
- Feld 4: weg von unverbindlichem »Möglichkeits-Geplänkel«, stattdessen eindeutige Commitments mit zielgerichteter Abschlussklarheit.

Die MarktSpiel-Definition änderte sich ebenfalls. An die Stelle des bisher in der Realität praktizierten beziehungsgestützten BedarfsSpiels trat nun ein konzeptbezogenes und beziehungsgeführtes JagdSpiel, das auch auf den hierfür geeigneten Fachhandel übertragen wurde.

Das darauf aufbauende Training der Sales-Force führte dazu, dass die Verkäufer spontan mehr Erfolg hatten und durch die erreichte Klarheit aus MarktSpiel und BetriebsSystem einfach wieder mehr Freude am Verkauf hatten. **Die Ergebnisse**

Dies geschah auch dadurch, dass sie dem Fachhandel konzeptionell halfen, Sortimentsintelligenz, Preisgestaltung und Endkundenbetreuung neu zu entdecken, und so einen konkreten Beitrag dazu leisteten, sich als optimaler Partner neu zu qualifizieren.

> *»Keine Maßnahme, die wir in all den Jahren für unsere Verkäufer durchführten, brachte auch nur in etwa vergleichbare, konkrete und messbare Ergebnisse«,*

so der Vertriebsvorstand in seiner Laudatio über die erreichten Ergebnisse.

9.5 Die Analyse Ihres MarktSpiels

Die folgende Checkliste ist zwar kein exaktes oder gar ein computerausgewertetes MarktSpiel-Profil, aber sie vermittelt ganz sicher einen ersten Eindruck davon, in welchem MarktSpiel bzw. in welcher MarktSpiel-Kombination sich Ihr Unternehmen befindet.

Gehen Sie dabei wie folgt vor:

1. Bestimmen Sie einen abgegrenzten Produktbereich mit einer klar umrissenen Zielgruppe.
2. Interpretieren Sie keinen Wunsch, sondern folgen Sie der realistischen Erfahrung.
3. Machen Sie sich nichts vor, denn sonst bringt die Analyse nichts.
4. Lassen Sie die kleine Übung durch möglichst viele Leute mit Kundenkontakt durchführen.
5. Betrachten Sie die Ergebnisse als Vorstufe für echte Erkenntnisse – und fragen Sie uns einfach mal danach.

»Kundenverhalten und Verkaufsstil«-Bestimmung Firma		Trifft zu?		
		Ja	Nein	?
1	Kunde kauft bzw. erteilt Auftrag anhand eines planmäßigen Auswahlverfahrens (z.B. Ausschreibung). Er wählt aus Vergleichbarem das für ihn günstigste Angebot.			
2	Kunde weiß über unser Angebot ebenso Bescheid wie über die Angebote unserer Wettbewerber. Mehr als Auskunft über Lieferfragen braucht er nicht.			
3	Kunde setzt bekannte Lösungen ein, die allgemein akzeptiert und mit denen keine größeren Störungen oder Probleme zu erwarten sind.			
4	Kunde hat Wahlmöglichkeiten, weil es außer uns noch viele Firmen gibt, die vergleichbare Produkte/Dienstleistungen anbieten.			
5	Kunde kauft nur 08/15-Produkte bei uns, die er überall bekäme. Entscheidend ist der Preis.			
6	Kunde legt großen Wert auf gute und enge Zusammenarbeit und auf den damit verbundenen regelmäßigen Kontakt. Die gute Beziehung entscheidet über die Geschäftsverbindung.			
7	Kunde hat lange gezögert, mit uns zu arbeiten und uns zu vertrauen. Jetzt verlässt er sich auf uns und kauft auch dann bei uns, wenn der Wettbewerb einmal »günstiger« anbietet.			
8	Kunde spricht mit uns auch über private Dinge und erzählt uns sogar von geschäftlichen Vorgängen, die nichts mit uns zu tun haben.			
9	Kunde legt Wert auf guten Service und persönliche Betreuung. Dies bewertet er höher als den Preis.			
10	Kunde erwartet von uns, dass wir uns um die Details der Zusammenarbeit bemühen und ihm »alles abnehmen«.			
11	Kunde hat wenig eigenes Fachwissen im Zusammenhang mit unserem Angebot. Er verlässt sich auf unsere Erfahrung, unser Know-how und unsere Zuverlässigkeit.			
12	Kunde schätzt den Nutzen unseres Konzepts höher als den Preis. Er ist nach dem Kauf »auf uns angewiesen«.			
13	Kunde erkennt den von uns konzipierten Beitrag für eine von ihm verfolgte Vision. Er kauft Vertrauen und Partnerschaft.			

14	Kunde will ein auf ihn zugeschnittenes, individuelles Konzept, das wir für ihn entwickeln müssen, wenn wir mit ihm ins Geschäft kommen wollen.		
15	Kunde will von uns Leistungen, die ihm seinen Vorsprung ermöglichen und seine Wettbewerbsfähigkeit deutlich besser steigern, als er dies mit anderen Anbietern erreichen könnte.		
16	Kunde interessiert sich für unser Angebot. Er braucht aber immer wieder Kaufanreize und Entscheidungsimpulse.		
17	Kunde kauft, nachdem wir ihn zwei- bis dreimal direkt kontaktet haben. Seitdem läuft die Geschäftsverbindung. Folgebetreuung ist wenig erforderlich oder erwünscht.		
18	Kunde ist autonom. Er kauft und braucht keine weitere Unterstützung. Kann alles selbst.		
19	Kunde erwartet von uns, ihm die Entscheidung zum Kauf »mitzuliefern«. Er braucht starke Abschlusshilfe.		
20	Der Kontakt zwischen Kunde und Verkäufer ist nur bis zum Vertragsabschluss nötig. Danach wird alles Weitere von anderen Abteilungen übernommen oder ist überflüssig.		

So werten Sie die Checkliste aus:

MarktSpiel　　　　　　　**Checkliste**

Bedarfsorientierter Verkauf　　Felder　1 – 5
Beziehungsorientierter Verkauf　Felder　6 – 10
Beratungsorientierter Verkauf　Felder　11 – 15
Abschlussorientierter Verkauf　Felder　16 – 10

Auswertung: Kundenverhalten und Verkaufsstil-Bestimmung

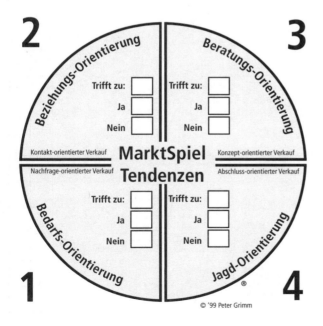

9.5 DIE ANALYSE IHRES MARKTSPIELS　**131**

Tragen Sie einfach die jeweiligen Ergebnisse in die oben abgebildete Matrix ein. Jetzt haben Sie einen ersten Hinweis darauf, wie die MarktSpiel-Kombination Ihres Unternehmens bzw. des von Ihnen ausgewählten Bereiches aussehen könnte.

Überlegen Sie, ob Sie in Ihrem MarktSpiel etwas ändern wollen, welche Präzisierungen gut täten und ob alle Marketinginstrumente und die heutige Verkaufssteuerung noch passen.

Jetzt wäre außerdem von Vorteil, wenn Sie präzise wüssten, wie Ihre Kunden das sehen und welches MarktSpiel-Verständnis Ihre Verkäufer haben.

Wie spielen denn Ihre erfolgreichsten Verkäufer tatsächlich?

10. Kunden gewinnen und Potenziale erweitern

10.1 Kundenbefragungen

Wir können es drehen, wie wir wollen: Entscheidend ist die *Kunden-Sicht*. Der Kunde bestimmt – und manchmal ziemlich undurchsichtig,

Die Kundensicht

- über die Zusammenarbeit generell,
- über die Wertigkeit dieser Zusammenarbeit,
- darüber, was er zu bezahlen bereit ist,
- wie er uns im Vergleich zum Wettbewerb einschätzt und
- wie er als Kunde »abgeholt« und betreut werden möchte.

Nur der Kunde ist der »Souverän«, also der Herr über Wohl und Wehe seiner Lieferanten, Zuarbeiter und Berater.

Nach welchen Mustern aber entscheidet er in Wirklichkeit? Dieser Frage geht man mit großem Interesse nach, seit es Marketing gibt. Kundenzufriedenheit ist die Forderung unserer Zeit (siehe auch Kapitel 2). Die Zahl der Kundenbefragungen ist Legion. Was aber sagen sie tatsächlich aus?

Die meisten Kundenbefragungen enden als Ablage oder als »Schrankware«. Vor allem jene, die dokumentieren, dass die Zu-

Schrankware

sammenarbeit im Großen und Ganzen gut ist, die Mitarbeiter nett, die Verkäufer bemüht, der Service verbesserungsfähig und Produkte wie sonstige Leistungen durchaus akzeptabel sind. Man lehnt sich zufrieden zurück – die Welt ist in Ordnung.

Kaum jemand kommt auf die Idee zu fragen, welche ganz konkreten Erkenntnisse aus diesen Kundenbefragungen dazu führen, erwünschte Potenziale im Markt und noch nicht ausgeschöpfte Potenziale bei bestehenden Kunden systematisch und sicher erobern zu können. Ganz zu schweigen davon, wie man an den Wettbewerb »verlorene« Kunden zurückbekommen könnte.

Die Geschichte von Troja Auf der Suche nach einem besseren Lösungsansatz fiel uns die Geschichte von Troja wieder ein. Wie war das doch noch? Paris, der Sohn des Königs von Troja (Priamos hieß er), begegnete drei Göttinnen, darunter auch Aphrodite, der »Schaumgeborenen«, wie uns Homer wissen ließ. Diese drei hatten offensichtlich nichts Besseres zu tun, als Paris um eine Entscheidung zu bitten, welche von ihnen wohl die Schönste sei. Der Betreffenden sollte er den für diesen Fall mitgebrachten Apfel überreichen.

Paris, damals noch ein junger, in diesen Dingen recht unerfahrener Mann, ließ sich doch tatsächlich darauf ein, anstatt sich diplomatisch aus der Affäre zu ziehen. Er gab den Apfel der Aphrodite, die ihm zum Dank dafür die schönste derzeit auf Erden lebende Frau versprach und dabei eine Kleinigkeit überging: Die Betreffende war schon vergeben, und zwar an den griechischen König. Die »schöne Helena« wurde sie genannt.

Aphrodite aber hielt ihr Versprechen. Sie sorgte dafür, dass die Wege des Paris ihn an den griechischen Königshof führten, und programmgemäß verliebten sich die schöne Helena und er ineinander.

Die schöne Helena

Kurzentschlossen folgte sie ihm nach Troja, was den griechischen König eher weniger freute. Anstatt also froh zu sein, die ungetreue Gefährtin los zu sein, rief er seinen Heerführer Agamemnon und befahl ihm, sie zurückzuholen, was dieser auch ehrlich versuchte.

Zehn lange Jahre belagerten die Griechen Troja, zehn Jahre flossen Blut und Tränen. Zehn Jahre lang stellten sich offensichtlich die Griechen die immer gleiche Frage: *Wie überrennen wir Troja?*

Am Vorabend des zehnjährigen Jubiläums war eine Auswertungskonferenz im Zelt des Agamemnon angesetzt. Alle Edlen, die bisher überlebt hatten, waren anwesend. Man besprach die erzielten Erfolge und suchte, wie im praktischen Leben, die Schuldigen, die für die Misserfolge verantwortlich waren. Und wieder drehte sich alles um die Frage: *Wie überrennen wir Troja?*

Odysseus platzte der Kragen: »Das haben wir jetzt lange genug versucht, und was hat es gebracht? Nur Ärger! Wir sollten entweder aufhören oder es anders anfangen!«

Agamemnon war verwirrt: »Ja, und wie bitte soll denn das gehen?« Eine Frage übrigens, die sich das Management bis zum heutigen Tage in guter Tradition erhalten hat.

Odysseus tat geheimnisvoll: »Wir müssen die Frage anders stellen. Mit ›Wie überrennen wir Troja?‹ kommen wir doch einfach nicht mehr weiter.« Und er fuhr fort: »Die klügere Frage heißt doch: ›*Wie erreichen wir, dass uns die Trojaner selbst ihre Stadt überlassen?*‹«

Agamemnon schäumte: »Das haben wir doch schon x-mal versucht, und es hat nicht funktioniert! Wozu kämpfen wir denn hier eigentlich?« (Kommt Ihnen sicher auch bekannt vor, nicht wahr?)

Odysseus blieb gelassen: »Vielleicht haben wir es bisher einfach nicht klug genug angefangen und schaffen es mit einer etwas anderen Methode besser.«

Agamemnon fragte skeptisch: »Und wie stellst du dir das bitte vor?« (Übrigens wurde auch diese Frage vom Management begeistert übernommen.) Odysseus schmunzelte: »Ich habe da so eine Idee ...«

Das Trojanische Pferd

Der Rest ist Geschichte: Die Griechen bastelten ein hohles Pferd, packten ein paar Krieger hinein und segelten fort. Die Trojaner konnten es fast nicht glauben, so glücklich waren sie darüber. Flugs holten sie das Pferd als Siegestrophäe in die Stadt, und das abendliche Fest konnte sich wirklich sehen lassen.

Als alle schliefen, kletterten die im Pferd versteckten Krieger heraus, öffneten die Tore – und das mittlerweile längst wieder zurückgekehrte griechische Heer zog in Troja ein. Was allerdings aus der schönen Helena wurde, weiß bis heute niemand so ganz genau ... So weit die trojanische Sage.

Alle Märchen und auch diese Sage sind Träger einer in annehmbare Formen gegossenen Botschaft, die wir sonst nicht zur Kenntnis nehmen würden. Welche Botschaft hat also die trojanische Sage für uns heute und in Bezug auf unser Thema?

Die entscheidende Frage

Die Frage, die wir uns in Verbindung mit unserer MarktSpiel-Systematik und der Gewinnung von Kunden für unsere Kunden stellen, lautet:

> Wie erreichen wir, dass uns die Kunden unserer Kunden selbst sagen, wie sie über eine Geschäftsbeziehung entscheiden und was getan werden sollte, um sie zu gewinnen?

Wie also geht es anders? Als Erstes müssen wir die Anforderungen an *eine neue Qualität der Kundenbefragung definieren*. Immerhin haben wir uns ja zum Ziel gesetzt, unseren Kunden und deren Verkäufern eine Methodik zu geben, mit der sie systematisch brillant die Gewinnung von Kunden und erwünschten Potenzialen erreichen und damit auch *den Erfolg des Verkaufs vom Zufall befreien* können.

Weit über die Feststellung von »Zufriedenheitsgraden« hinaus sollten folgende Ergebnisse erzielbar sein: Klarheit über die Erwartungen, Meinungen und Entscheidungsmuster potenzieller, vorhandener und verlorener Kunden.

Für das Aufschließen verschlossener Burgen, also die Gewinnung von Marktanteilen und Potenzialen für unsere Kunden, sollte ein »trojanischer Schlüssel« geformt werden, der einfach, aber brillant und praxisgerecht funktioniert.

Der trojanische Schlüssel

Es geht also um sofort einsetzbare Erkenntnisse für das Vertriebsmarketing und die Verkaufsarbeit, die unsere Kunden in die Lage versetzen, aus der Vergleichbarkeit herauszukommen und sich im Wettbewerb positiv gegenüber anderen abzugrenzen.

Die zu lösende Aufgabe besteht aber auch darin, präzise zu erfassen, wie und in welcher MarktSpiel-Kombination unser Kunde von seinen Kunden gesehen wird – und was zu tun ist, um dies gegebenenfalls zu ändern.

Die Methode, die wir hierfür entwickelten, haben wir *ParKoM*® genannt – abgeleitet aus der Abkürzung von *Partnerschaftliches Kommunikations-Marketing*.

Methode ParKoM

Heute erobern wir mit diesem Vorgehen für unsere Kunden erwünschte Geschäftsverbindungen und helfen, teure Fehlinvestitionen zu vermeiden, die z. B. im Interesse einer noch besseren Kundenorientierung oder eines noch aufwändigeren Services geplant waren, die aber in Wahrheit nichts bewegt hätten. Und wir tragen konkret dazu bei, Blindleistungen in der Vertriebsarbeit zu vermeiden.

10.2 Die ParKoM-Methode

ParKoM® ist eine Analysevariante im
Difference-Modelling und funktioniert in drei Stufen:
1. Marketing-Struktur-Analyse (MSA)
2. Erwartungs-Differenz-Analyse (EDA)
3. MarktSpiel-Profil-Erstellung

Marketing-Struktur-Analyse Zuerst führen wir mit unserem Kunden eine Marketing-Struktur-Analyse durch. Das heißt, wir erarbeiten ein Modell davon, wie der Kunde selbst die Entscheidungsmuster seiner Kunden einschätzt.

Modell MSA
Marketing-Struktur-Analyse

Versetzen Sie sich doch mal in Ihre Zielgruppe.

Regelfeld	Faktoren-Nr.	Aus Untersuchungen, Befragungen, Analysen usw. haben wir dieses **Erwartungs- und Entscheidungs-Profil** entwickelt. Bitte machen Sie sich <u>Ihr</u> Bild, was <u>Ihre</u> Kunden erwarten.	Worauf – glauben S legen Ihre potenziell Kur '
bot	1	Wir wollen Informationen, die uns helfen, uns richtig zu entscheiden: klar, kurz, eindeutig und verständlich.	
	2	Wir erwarten Produkte und Leistungen mit echtem Nutzen für uns und unsere Kunden. Angebotene Leistungen müssen auch uns helfen, uns zu profilieren.	
	3	Wenn der Service wirklich »top« ist, erkennen wir dies auch in Preisverhandlungen an. Aber nur dann.	
	4	Mitreißende Präsentation und intelligentes Nach ' Interesse und Sympathie. ˑn deutlich nachvollziehen '	

Das Vorgehen Die Arbeitsergebnisse werden in eine »Radar-Grafik« umgesetzt und visualisieren offene Felder mit großen Erwartungspotenzialen (Chancen) und geschlossene Felder mit Blockierungscharakter.

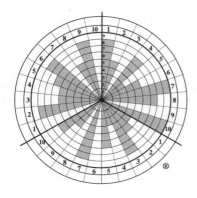
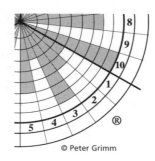
© Peter Grimm

Ergänzend erarbeiten wir mit unserem Kunden nach genau vorgegebenen Mustern die späteren Auswertungsschlüssel, die uns zeigen, welche Erwartungsqualität der von uns einbezogene Kunde unseres Kunden unbewusst oder bewusst verfolgt.

Gleichzeitig stellen wir mit unserem Kunden fünf Kernfragen zusammen, die wir ebenfalls in die gesamte Vorgehensweise einbeziehen und die uns später individuell den Schlüssel dafür geben, wie wir die Aussagen der in diese Vorgehensweise einbezogenen Kunden unserer Kunden konkret zu verstehen haben.

Die Erwartungs-Differenz-Analyse

Im nächsten Schritt suchen wir im Auftrag unseres Kunden von ihm ausgewählte Kunden auf und führen dort unsere Erwartungs-Differenz-Analyse durch.

Dies ist für die zu befragenden Kunden ein motivierendes Erlebnis, denn in dieser Form wurden sie noch nie in eine Maßnahme einbezogen. Sie brennen darauf, die EDV-ausgewerteten Ergebnisse kennen zu lernen. Das ist dann später der beste Anknüpfungspunkt, wenn es um die Umsetzung und vor allem darum geht, die konkrete Zusammenarbeit auf der Basis der Analyse-Ergebnisse zu realisieren.

Die mit unserem Auftraggeber individuell erarbeiteten Schlüsselfragen (Keys) werden ebenfalls in diese Vorgehensweise einbezogen, und sie bedeuten auch für die involvierten Kunden unserer Kunden immer eine Quelle überraschender Erkenntnisse.

Die Ergebnisse werden EDV-gestützt ausgewertet und anschließend mit unserem Auftraggeber besprochen. Gemeinsam mit unserem Kunden werten wir die Arbeitsergebnisse aus.

Es gibt wohl keinen Kunden, der in Verbindung damit nicht ins Grübeln und schließlich zu äußerst wertvollen Erkenntnissen kommt. Das EDV-erstellte Radar erleichtert die Auswertung und macht Erwartungs-Differenzen eindrucksvoll sichtbar.

In der Visualisierung der Differenz-Analysen – dem ParKoM-Radar – lassen sich die Differenzen der Einschätzung des Unternehmens zu den Erwartungs- und Entscheidungsmustern der Kunden präzise erkennen.

In der Grafik des ParKoM-Radars ist dies an den Abweichungen der unterschiedlichen Flächen zu erkennen:

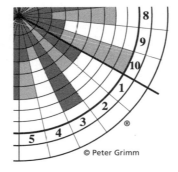

Das *Partnerschaftliche Kommunikations-Marketing* und das ParKoM-Radar zeigen den Weg für eine effiziente Beziehungsgestaltung – generell als zuverlässiger Trend und individuell zur Gewinnung der befragten (Wunsch-)Kunden.

Das MarktSpiel-Profil Als weiteren, unverzichtbaren dritten Analyseschritt erstellen wir mit unseren Kunden deren *MarktSpiel-Profil*, das konkret die Ressourcen des Unternehmens in Bezug auf die erkannten Erwartungs- und Entscheidungsmuster der erwünschten Kunden aufzeigt.

Modell MSP

Regelfeld	Faktoren-Nr.	Das MarktSpiel-Profil Business to business.	Worauf - glauben Sie - legen Ihre potenziellen Kunden besonderen Wert? Ihr Ranking
ts-Strategie	1	Wir haben ein klares Angebotsprofil mit deutlicher Botschaft in Werbung, Verkauf und Image. Den Kunden ist klar, was uns vom Wettbewerb positiv unterscheidet.	
	2	Unsere Kunden wissen, worin wir »Spitze« sind und was wir wirklich können. In dieser Beziehung gibt es keine Unterbewertung oder Info-Lücke über unsere Leistu	
	3	Der mit unserem Angebot verbundene Service wird von den Kunden auch honoriert (z.B. in Preisverhandlungen und im Auftrags-Entscheidungsprozess).	
	4	Unsere Angebotserstellung ist ebenso wie unsere Nachfass-Strategie prozessorientiert aufbereitet. Raus aus der Vergleichbarkeit ist auch hier gelebte Praxis. Wir präsentieren uns gut.	
	5	Wir arbeiten mit konzeptionellen Preis-Wert-Darstellungen, die prozessorientierte Beschaffungskosten ebenso einbeziehen wie konzeptionelle Leistungsabgrenz˙ zum Wettbewerb.	

Die Ergebnisse

Es ist geradezu faszinierend, wie dabei die noch ungenutzten Potenziale des Unternehmens deutlich werden. So entsteht ein klares Bild darüber, welche Zusammenhänge in der künftigen Marketing- und Vertriebsarbeit besser beachtet werden müssen, wie z. B.:

- Klarheit über die Erwartungen, Meinungen und Entscheidungsmuster potenzieller und vorhandener Kunden: Was könnte erwünschte Kunden von einer Zusammenarbeit abhalten bzw. was ist konkret zu tun, um erwünschte Kunden oder eine bessere Potenzialausschöpfung zu erreichen?
- Sofort umsetzbare Erkenntnisse für Akquisition, Beratungsniveau, Beziehungsgestaltung und Kundenmanagement
- Informationen über Wettbewerbsverhalten, Eigenprofilierung und Trends in der Zusammenarbeit
- Konkrete Aufschlüsse darüber, was in der Kommunikation besser herausgestellt und genutzt werden muss und welche bisher entweder wenig oder gar nicht beachteten Zusammenhänge neu beleuchtet bzw. entwickelt werden müssen.

Die daraus gewonnenen Erkenntnisse übertragen wir dann auf das MarktSpiel, auf das BetriebsSystem des Verkaufs und natürlich auf die Verkäufer unserer Kunden, und zwar zuerst in entsprechenden Workshops, dann draußen im Markt, vor Ort, mit den Verkäufern im Coaching. *Beweisführende Umsetzung* nennen wir dies.

Das Kombinierte Verkaufs-Training

Ein speziell hierfür geschaffenes Coaching-Modell darf in diesem Zusammenhang nicht unerwähnt bleiben: das *Kombinierte Verkaufs-Training*® *(KVT)*, eines der erfolgreichsten Umsetzungsmodelle für angewandte Vertriebsarbeit schlechthin.

10.3 Das Kombinierte Verkaufs-Training

Was ist KVT?

Die Idee für das Kombinierte Verkaufs-Training besteht darin, sofort »mehr Erfolg in der Praxis« zu erreichen. Die KVT-Methode kombiniert theoretisches Verkaufs-Know-how mit unmittelbarem Praxiseinsatz. Das vermittelte Wissen kann sofort angewandt werden: in der realen Situation – bei (Wunsch-)Kunden.

Zugleich kann das über die Verhaltens-Tendenz-Profile erkannte Rollenverständnis hoch motivierend in Rollenkompetenz umgesetzt – sprich: in der Realsituation trainiert – werden.

Warum KVT?

KVT hat folgenden Nutzen:

- Umsetzung der Ergebnisse der Erwartungs-Differenz-Analysen
- Erkenntnisse aus Verhaltens-Tendenz-Profilen in Rollenkompetenz und anspruchsgerechtes Verhalten umsetzen
- bessere Potenzialausschöpfung bei bestehenden Kunden
- Wunschkunden (wieder)gewinnen
- Beziehungsgestaltung und Vereinbarungen umsetzen
- Beweisführung für *den erreichbaren Mehrerfolg* liefern

Andere Ziele können z. B. sein:

- schwache Gebiete aktivieren
- Marktchancen testen
- Produkteinführungen vorbereiten usw.

Das Kombinierte Verkaufs-Training läuft folgendermaßen an: Ab Montag 10.00 Uhr werden Theorie und Praxis im Wechsel bis Freitagnachmittag behandelt. Abends gibt es jeweils ca. 3 Stunden Erfahrungsaustausch in der Tages-Feedback-Runde (außer freitags). **Die KVT-Woche**

Ein spezielles »Feedback-System« unterstützt den Lernerfolg. Die Themen werden ganzheitlich behandelt und jeweils am nächsten Verkaufstag angewendet. Erforderliche Bestätigungen oder Korrekturen sind sofort möglich. Übrigens:

Nichts korrigiert Verhaltensfehler so schnell wie erlebter Erfolg mit einer besseren Vorgehensweise.

Beim KVT geht es um diese Themen: **Die KVT-Themen**

- Mentale Erfolgs-Programmierung
- Eröffnungsstrategien im Verkaufsgespräch
- Präsentations-Psychologie
- Technik der Gesprächsführung
- Argumentation und Nutzentransport
- Abschlusstechnik

Folgende Konzeptschritte bilden das Grundgerüst erfolgreicher Projektarbeit: **KVT im Rahmen der Projektarbeit**

1. Marketing-Struktur-Analyse
   (+ MarktSpiel-Tendenz-Profil/Verhaltens-Tendenz-Profil)
2. Erwartungs-Differenz-Analyse
3. Tag mit Außendienst
   (+ MarktSpiel-Tendenz-Profil/Verhaltens-Tendenz-Profil)
4. ein bis drei Tage mit der Führungsmannschaft im Vertrieb
5. drei Tage Workshop mit Außendienst

6. Kombiniertes Verkaufs-Training
7. KVT, 2. Durchgang
   (mit vorausgegangener Erwartungs-Differenz-Analyse)

Über folgende Punkte muss bei Vertriebsverantwortlichen und KVT-Teilnehmern Klarheit bestehen:

1. klare Abrenzung des Gebiets
2. definierte Teilnehmerzahl (maximal 5 Teilnehmer pro Trainer)
3. zentral gelegenes Hotel / gemeinsame Übernachtung
4. Tandem-Prinzip
5. Kundenbesuche / Terminierung
   a) bei Erwartungs-Differenz-Analyse = Wunschkundenbesuch
   b) Kundenmix aus
      - Neukunden
      - potenziellen Kaufkunden
      - »Kaffee und Kuchen«-Kunden
6. Feedback-Runde jeden Abend im Hotel mit open end.

Wenn Verkäufer nicht in ihrem Gebiet verkaufen bzw. bei Tandems entsprechende Fragen entstehen, müssen eventuelle Provisionsansprüche vorher geklärt werden.

Das KVT als Sales-Force-Analyse

Ziel des KVT ist es, alle Faktoren, die die verkäuferische Leistung der Sales-Force fördern oder behindern, zu überprüfen, zu analysieren und durch konkrete Hinweise weiter zu verbessern.

Analyse-Faktoren sind z. B.:

- Ziel- und Vorgehensklarheit
- Kundendokumentation, Kundenklarheit
- Präsentation (»Präsentainment«)
- Branchenwissen, Fachwissen
- Rollenverständnis, Rollenkompetenz, Rollenvariation
- Gesprächsführung (Fragetechnik, Argumente, Alpha Keys)
- Abschluss-Sicherheit / Abschluss-Biss

- Niveauhöhe des Verkäufers
  (in Bezug zu seinen Kunden: unter, über, weit entfernt, passend).

Die Analyse-Instrumente:

- die Peter-Grimm-Rollentypologie (Erkenntnisse aus Verhaltens-Tendenz-Profil)
- die Potenzialfeld-Analyse, KVT und Coaching

Der Trainer bespricht mit den Teilnehmern, in welcher Rolle er agieren wird und wie er bei den Kunden vorgestellt werden will. (»Marketing« klingt noch immer am unverfänglichsten, und man hat Gelegenheit, dem Kunden durch diese Bezeichnung auch vertiefende Fragen zu stellen.) Wichtig ist, keine Visitenkarten zu überreichen. Sollte die Art der KVT-Durchführung dies jedoch erforderlich machen, muss eine Visitenkarte über das auftraggebende Unternehmen angefordert werden.

Die inhaltliche Durchführung des KVT

Von entscheidender Bedeutung ist, ob der Trainer als *Coach* auftritt – oder ob er *Vorbild* sein will. Als Coach erfolgt kein Eingreifen ins Gespräch mit dem Ziel der Hilfestellung oder gar der Gesprächsübernahme. Als Trainer dagegen besteht die Verpflichtung, in schwierige Situationen einzugreifen, um Gespräche zu retten bzw. erwünschte Signale zu setzen und die Vorbild-Funktion wahrzunehmen. Deshalb ist das Rollenverständnis des Trainers auch für die Teilnehmer von größter Bedeutung – wissen sie doch dann, warum was geschieht.

Modellfragen an den zu begleitenden Verkäufer:

- Verfügbares Wissen über die Kunden
- Branchenwissen
- Wie viele Kunden haben Sie?
- Wie viele Kunden betreuen Sie?
- Wie viel Potenzial hat Ihr Gebiet?
- Wie viel Potenzial hat der Kunde für Ihre Angebote?
- Wie wenden wir das Wissen über die Kunden heute konkret an?

Auch in diesem Zusammenhang gilt: Die intelligente, selektiv ausgewählte und damit auch weiterführende Frage ist wichtiger als die Fragebatterie!

Die KVT-Nachbereitung

Die unmittelbarste Erfolgsmessung sind Zahlen. Dazu gehören Aufträge, Umsatzveränderungen und andere »harte« Faktoren. Wo dies möglich ist, setzen diese Daten im KVT oft neue Maßstäbe und müssen dokumentiert werden (z. B. vorher als Durchschnitt eines Quartals, im KVT und danach).

Überall dort, wo diese direkte Beweisführung durch Aufträge oder eine andere unmittelbare Erfolgsgröße nicht oder nur schwer definiert werden kann, bekommen indirekt wirkende Faktoren besondere Bedeutung. Entsprechend muss dies in der KVT-Auswertung deutlich werden.

1. Aufbau und Gliederung des Abschluss-/Zwischenberichts

1.1 Ziel des KVT:
- Interne Zielsetzung = MarktSpiel-Analyse, Stärken und Schwächen der Sales-Force, Rollenverständnis, -klarheit
- Externe Zielsetzung = Gewinnung von Kundenpotenzialen bei Neu- oder Kaufkunden

1.2. Analyse verfügbarer Grunddaten:
- MarktSpiel-Tendenz-Profil / Verkaufs-Analyse
- Verhaltens-Tendenz-Profil / TätigkeitsNeutrale Verhaltensfelder
- Darstellung der Potenzialfeld-Analyse®, KVT und Mitreise
- Anzahl und Qualität der Kundenkontakte im KVT (wenn möglich, Umsatz- bzw. Ergebnisentwicklung)

2. Auswertung (Synthese, Bewertung):
- Rollendifferenzen
- Konsequenzen für interne Customing-Maßnahmen
- Konsequenzen für externe Customing-Maßnahmen

3. Empfehlungen für die weitere Vertriebsentwicklung

4. Empfehlungen für die weitere Sales-Force-Entwicklung:
- Individueller Trainingsplan
- Zeitplan
- Budget

Die folgenden Ergebnisse der KVT-Arbeit beziehen sich auf fünfjährige Durchschnittswerte in der Erfahrung mit diesem Modell bei unterschiedlichen Kunden:

Ergebnisse der Arbeit mit KVT

1. Coaching im KVT während der Umsetzungsphase in unterschiedlichen MarktSpielen

Zur Vorbereitung für die Durchführung von KVT ist es sinnvoll, eine Erwartungs-Differenz-Analyse bei Wunschkunden (Potenzialerweiterung oder Neukunden) vorzuschalten.

Deren Ergebnisse werden in die KVT-Woche einbezogen und die entsprechenden Kunden – neben anderen Kunden, die keine Erwartungs-Differenz-Analyse machen – besucht, was sich in den dargestellten Ergebnis-Charts niederschlägt.

Die Ergebnisse nach KVT beziehen sich auf die Umsatzsteigerungen, die die KVT-Teilnehmer dann in ihrer eigenen Verkaufsarbeit in Folge erreichten, ohne dass erneut Erwartungs-Differenz-Analysen zugeschaltet wurden.

Im Konsumgüterbereich haben wir den Folgezeitraum immer für sechs Monate analysiert, im Investitionsgüterbereich dagegen für ein Jahr, da hier die Anbahnungen bis zum Verkaufsabschluss länger dauern.

Konsumgüter

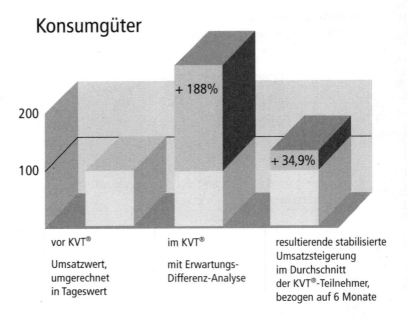

vor KVT®	im KVT®	resultierende stabilisierte Umsatzsteigerung im Durchschnitt der KVT®-Teilnehmer, bezogen auf 6 Monate
Umsatzwert, umgerechnet in Tageswert	mit Erwartungs-Differenz-Analyse	

Investitionsgüter

vor KVT®	im KVT®	resultierende stabilisierte Umsatzsteigerung im Durchschnitt der KVT®-Teilnehmer, bezogen auf 1 Jahr
Umsatzwert, umgerechnet in Tageswert	mit Erwartungs-Differenz-Analyse	

© '99 Peter Grimm

2. Wirkung, unterteilt nach Konsumgütern (inkl. Dienstleistungen) und Investitionsgütern

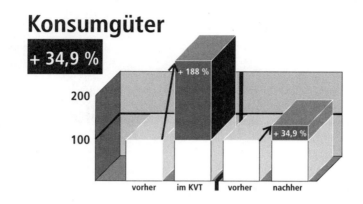

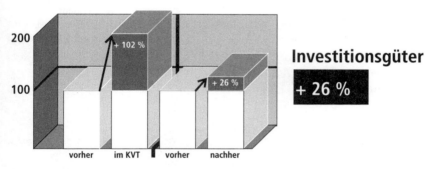

Die Ergebnisse sprechen für sich und zeigen, dass sich die Präzisierung des MarktSpiels in Verbindung mit der genauen Erfassung der Entscheidungsmuster erwünschter Kunden und der Übertragung dieser Erkenntnisse auf das Rollenverständnis der Verkäufer mehr als lohnt: Sie ist schlicht erfolgsentscheidend.

11. Die menschliche Seite des Erfolgs

11.1 Maßstäbe des Erfolgs

Was entscheidet über den Erfolg?

In diesem Kapitel geht es um die menschliche Seite des Verkaufserfolges, um die *Verkäufer*. Was auf alle Berufe, Tätigkeiten und sonstige denkbare Zusammenhänge zutrifft, gilt ganz besonders auch für den Verkäufer: Es geht um die unterschiedlichen Erfolgsbilder, das heißt konkret um die Frage: »Warum sind die einen erfolgreicher als die anderen?«

Bei Würth, 3M, BMW, Liebherr und in vielen, vielen anderen Unternehmen konnte ich über ein Vierteljahrhundert lang Verkäufer aller Branchen beobachten, mit ihnen arbeiten, sie trainieren, beraten und coachen. Allein bei Würth durfte ich die Entwicklung neu eingestellter Verkäufer auf ihrem mehr oder minder erfolgreichen Weg begleiten, manchmal bis zu ihrem Ausscheiden.

Was wurde nicht alles unternommen, um dem Geheimnis der Erfolgreichen auf die Spur zu kommen: Man verglich z. B. biografische Lebensdaten von erfolgreichen Verkäufern mit denen weniger erfolgreicher.

Hier das Fazit einer solchen Analyse über Verkäufer bei Würth, erstellt von einem Personalberatungsinstitut auf der Basis »biografischer Lebensvergleichsdaten«:

»Der erfolgreiche Würth-Verkäufer liest wenig und wenn, dann gewiss keine Bücher. Er hat wenig Hobbys, ist mäßig sportlich, liebt aber Autos, hat sich mit einem Haus verschuldet und ist mit einer ehrgeizigen Frau verheiratet ...«

Das war ca. 1976 und in der (End-)Phase des Hauruck-Verkaufs, den man bei Würth lange Zeit ganz ausgeprägt favorisierte. Genau den dazu passenden Verkäufertyp schilderte das zitierte Gutachten. Ob es dazu allerdings einer »biografischen Vergleichsdaten-Erhebung« bedurfte, bleibt dahingestellt.

Abgesehen davon, dominiert besonders das Thema »Persönlichkeit« fast alle auf Menschen bezogene Erfolgserklärungen. Inflationär nahmen und nehmen so die Seminare zur Persönlichkeitsentwicklung in immer neuen Schattierungen und Modellen zu.

Persönlichkeitsentwicklung

Tatsache bleibt, dass es unterschiedlich erfolgreiche Menschen gibt und immer geben wird. Da der Verkauf nun einmal ein unmittelbar erfolgsbezogenes Tätigkeitsfeld ist, lohnt es sich aber allemal, sich mit dem Thema auseinander zu setzen.

In jedem Unternehmen, in jeder Verkaufsmannschaft kennt man sie: die Topleute, die, jedenfalls im Verhältnis zu den anderen, einfach den Erfolg für sich gepachtet zu haben scheinen.

Es gilt das Gesetz der 20/80-Regel, das Pareto-Prinzip, das 1897 von dem italienischen Ökonomen Vilfredo Pareto entdeckt wurde. Das Pareto-Prinzip ist heute durchgängig als Gesetz von Aufwand und Ertrag anerkannt.

Das Pareto-Prinzip

Auf den Verkauf übertragen bedeutet es, dass man mit 20 Prozent seiner Kunden 80 Prozent des Umsatzes macht – und 20 Prozent des Sortiments ebenfalls zu 80 Prozent den Erfolg bestimmen.

In der Organisationslehre weiß man, dass 80 Prozent Betriebsoptimierung die Ergebniseffizienz ausmachen, während die »letzten« 20 Prozent auf dem Weg zum theoretischen Ideal einfach unbezahlbar werden.

Ebenso verursachen 20 Prozent aller Mitarbeiter in einem Unternehmen den tatsächlichen Erfolg. Das bedeutet, dass 80 Prozent der Leute mit der mehr oder weniger erforderlichen rahmenbedingten (Fleiß-)Arbeit beschäftigt sind, da eben auch 20 Prozent aller Tätigkeiten für 80 Prozent der Ergebnisse verantwortlich sind.

Richard Koch weist in seinem wirklich lesenswerten Buch *Das 80/20-Prinzip* diese Zusammenhänge in Bezug auf nahezu alle Lebensbereiche nach. Sowohl die tägliche Praxis, als auch die Lebenserfahrung zeigt, dass es sich beim Pareto-Prinzip tatsächlich um eine unbedingt zu beachtende Gesetzmäßigkeit handelt.

Auch in der Verkaufsorganisation gilt dieses Prinzip: 20 Prozent der Verkäufer bringen im Allgemeinen 80 Prozent des Erfolgs und umgekehrt.

Leistungsgruppen bei den Verkäufern — Man kann die Verkäufer durchaus in drei generelle Leistungsgruppen einteilen: Da sind zum einen die Topleute, dann der mittlere Leistungsbereich und zum Schluss die »Hoffnungsträger«.

© Peter Grimm

Die 80/20-Regel kann nicht bedeuten, nur noch die 20 Prozent Erfolgreichen einzusetzen und die anderen hinauszuwerfen. Denn der verbleibende Rest unterliegt dann ja schon wieder den Gesetzen der 80/20-Regel.

Möglicherweise kann uns die berühmte, von Carl Friedrich Gauß entdeckte Normalverteilung und die nach ihm benannte Gauß'sche Glocke weiterhelfen. Überträgt man diese Erkenntnisse auf eine Verkaufsorganisation – so ergibt sich folgendes Bild:

Die Gauß'sche Normalverteilung

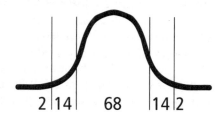

Die Grafik zeigt, dass, bezogen auf 100 Mitarbeiter,

- 2 untragbar sind (sofort entlassen werden müssten),
- 14 sich außerhalb tragbarer Leistungen bewegen,
- 68 das Mittelfeld der gaußschen Glocke repräsentieren,
- 14 wirklich gut sind, also das »Mittelfeld« positiv verlassen haben,
- 2 außergewöhnlich gut sind.

Pareto lässt von gar nicht allzu großer Ferne grüßen.

Um zu verstehen, was das für die Entwicklung und Förderung der Verkäufer bedeuten kann, sehen wir uns die nachfolgende Grafik an:

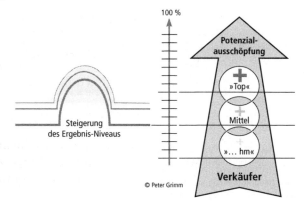

Es ist eine Illusion anzunehmen, man könne alle gleichermaßen erfolgreich machen. Wenn wir es aber schaffen könnten, die Ergebnishöhe auch der weniger erfolgreichen Verkäufer deutlich anzuheben, dann wäre schon viel gewonnen.

Pareto, Gauß und ihre Gesetze sind stimmig und nicht zu verändern. 20/80 oder 80/20 bleibt ebenso erhalten wie die gaußsche Normalverteilung. Was aber sehr wohl zu ändern ist, ist die *Niveauhöhe des Erfolgs*.

Um dies zu leisten, hilft uns zunächst die folgenden Checkliste, die Sie unvoreingenommen und konsequent durchgehen sollten:

Checkliste für die Niveauhöhe des Erfolgs

- Gibt es ein präzise definiertes BetriebsSystem für den Verkauf?
- Gibt es Klarheit über und Ein-Sicht in das zu leistende MarktSpiel?
- Stimmen das Rollenverständnis und die erforderliche Rollenkompetenz?
- Stimmt die mentale Kraft, z. B. die Bejahung der Verkäufer zu sich selbst?
- Wie steht es mit der mathematischen Seite des Erfolgs?
- Wie ist die Ökonomie des Einsatzes (Fleiß ist nicht alles)?
- Stimmt der Umgang mit den Kunden?
- Reicht das sachlich-fachliche Know-how, und wird es richtig eingesetzt?

Gerade weil es für Verkauf und für Verkäufer so wenig verlässliche Erfolgsgrundlagen gibt, ist es ohne Klarheit über die oben genannten Punkte schwer, echtes Erfolgs-Modelling zu betreiben. Verhalten lässt sich eben nicht einfach nur »benchmarken«. Auch das aus der Neurolinguistischen Programmierung (NLP) stammende Master-Modelling setzt zwingend voraus, dass man genau weiß, was man modellieren, also anderen verfügbar machen will.

Emotionale Intelligenz

In den letzten Jahren tauchte mit Recht der Begriff *Emotionale Intelligenz* auf. Er meint u.a. jene Mischung aus Intuition, Empathie und situativer Beweglichkeit, die eben nicht rational (personal)entwickelt werden kann, sondern die sich, verkaufsbezogen betrachtet, durch eine möglichst ideale Kombination der oben genannten Punkte für überzeugenden Verkaufserfolg auch ein wenig »von selbst« entwickelt. Für überzeugenden Verkaufserfolg ist emotionale Intelligenz von unschätzbarem Wert.

Zum Thema Erfolg gehört auch die viel gerühmte und viel gescholtene Motivation, die heutzutage für manches herhalten muss.

1. Motivation ist mehr als nur Begeisterung.

Drei Thesen zur Motivation

Ein verhungernder Michelangelo hat weitergemalt, ein bedrohter Columbus segelte weiter, Galilei blieb dabei: »Und sie bewegt sich doch ...«. Während ihres Kampfes waren diese Menschen sicher oft alles andere als »begeistert«. Begeisterung ist zwar mit Motivation verwandt, aber es sind doch zwei verschiedene Energieformen.

2. Motivation ist die Energie der Hoffnung.

Es gibt wohl niemanden, der auf dem Weg zum Erfolg nicht auch durch das Tal der Tränen ging. Begeisterung reicht einfach nicht aus, um Widerstände zu überwinden. »Himmelhoch jauchzend – zu Tode betrübt«, weiß auch der Dichter.

Frustration entsteht aus der Differenz zwischen Erwartung und Realität; ist also Erwartungsenttäuschung. Dann sind wir »enttäuscht«, erleben also das Ende einer Täuschung (was an sich ja immer positiv ist). Wenn dann auch noch die Energie der Hoffnung – und das ist es, was wir »Motivation« nennen – verloren geht, sind wir geneigt, zu resignieren und aufzugeben.

3. Weniger »Verhaltensänderung« als vielmehr Stimmigkeit ist gefragt.

Was wird nicht alles getan, um das Verhalten von Menschen zu ändern! Das ist in vielen Fällen sicher gut und richtig.

Für die Motivation ist aber wenigstens genauso wichtig, ob wir zu einem Spiel passen und ob unsere Potenziale und Fähigkeiten so eingesetzt sind, dass sie uns helfen, unsere Sehnsucht nach Anerkennung und Freude zu erfüllen. Wenn nicht, ist es nur klug, ein nicht zu uns passendes Spiel zu verlassen oder es zu ändern. *(Love it, change it or leave it.)*

Entspricht es uns aber, dann sind wir auch bereit, durch das Tal der Tränen zu gehen. Früher oder später macht uns das Spiel zunehmend Spaß und bringt uns neue Energie. Niemand kann oder muss uns ändern. Besser ist, uns selbst (wieder) zu finden.

**Wenn jemand sein Verhalten angeblich »grundlegend« änderte, dann hat er/sie möglicherweise »nur« besser zu sich selbst (zurück)gefunden, ist also wieder »stimmiger«, mehr in Harmonie mit sich selbst.
Oder er/sie hat in Übereinstimmung mit sich selbst gelernt, unterschiedliche Rollen zu verstehen und diejenigen zu fördern und auszuformen, die eben (wieder) zu ihm/ihr passen.**

Niemand kann auf Dauer, ohne Schaden zu nehmen, Rollen übernehmen, die ihm/ihr partout nicht liegen bzw. die er/sie zutiefst ablehnt. Auch deshalb ist der Zusammenhang von MarktSpiel-Klarheit und Rollenverständnis so überaus bedeutsam.

11.2 Rollenverständnis und RollenSpiel

Persönlichkeit oder »Rolle«?

In der Tat gibt es die Frage, ob die Persönlichkeit oder die Rolle bestimmend ist. Wie schon ausgeführt, gehen die meisten von der Persönlichkeitsformung aus, die angeblich erfolgreich macht. Nach Sichtung vieler Quellen, die sich mit dem Thema beschäftigen, stießen wir immer wieder auf die lapidare Erklärung »Persönlichkeit« als Antwort auf die Frage, worin Erfolgreiche anders sind.

Es ist sicher eine Menge Wahres an dieser Antwort. Aber bitte schön: Was ist »Persönlichkeit«? Genau konnte uns das niemand erklären. Weder die Soziologen noch die Psychologen, aber auch nicht die Gehirnforschung, die doch schon so viel Licht in das

Dunkel der Verhaltensforschung brachte. So mussten wir uns damit abfinden, dass es für den Begriff »Persönlichkeit« keine allgemein gültige Definition gibt. Also präzisierten wir unsere Begriffsbestimmungen:

Persönlichkeit = die Intelligenz- und Energie-Potenziale des Menschen, einschließlich der ererbten oder erworbenen Neigungen und Talente in mehr oder weniger bewusster Ausprägung. Persönlichkeit ist aber auch das Erleben hinter der »Rolle«.

Die Rolle(n) = die mit einem Verhaltenskonzept ausgestatteten Ausdrucksformen der Persönlichkeit, mit denen wir unsere Erfahrungen in der Umwelt und in unserem Umfeld machen.

Das Ego = das Überlebenskonzept des Ichs mit seiner bewussten oder unbewussten Vorstellung darüber, wie es am besten in der Welt bestehen oder sein Umfeld beherrschen kann.

Das Ich = die Summe aller Verhaltensweisen, Empfindungen und Erlebnisse, resultierend aus Persönlichkeit, Rolle und Ego.

Das Selbst = als Begriff meist in religiösem Zusammenhang von verschiedenen Glaubensrichtungen als das »transzendente«, »eigentliche« oder »göttliche Ich« verwendet.

Präzisierung der Begriffe

Zur Rolle zählen unsere mit unterschiedlichen Verhaltenskonzepten ausgestatteten Berufe, aber auch andere Tätigkeiten. Wenn wir z. B. mit dem Intercity fahren, sind wir in der Rolle eines Fahrgastes und unterliegen den Erwartungen dieser Rolle.

Was zur Rolle gehört

Ist jemand Schreiner, hat er ein anderes Verhaltenskonzept als ein Verkäufer. Damit verbunden ist auch die Bedeutung unterschiedlicher Wertigkeiten (Ranking) verschiedener beruflicher Rollen, die wir ja alle zur Genüge kennen.

Soweit die uns erforderlich erscheinende Begriffsklärung.

Persönlichkeitsveränderungen unerwünscht

Weiter lernten wir aus der Erfahrung, dass in Wahrheit niemand gern an seiner Persönlichkeit etwas verändern lassen will. Noch nicht einmal jene »Soziosofties« männlichen oder weiblichen Geschlechts, die permanent Dinge aus dem Persönlichkeitsvokabular zitieren und die jede Übung mit der Frage ritualisieren: »Wie fühlst du dich jetzt?«

Erst durch die genauere Betrachtung von rollenbezogenen Zusammenhängen wurden wir also fündig. Wenn richtigerweise Persönlichkeit auch das »Erleben hinter der Rolle« ist, warum dann nicht gleich den direkteren Weg gehen? Zumal uns die damit verbundenen Erkenntnisse wesentlich mehr helfen, unsere Fragen nach dem Erfolg im Verkauf zu beantworten.

> **Über das Rollenverständnis auch Rollenkompetenz zu erlernen, ist motivierender, als an seiner »Persönlichkeit« herumdoktern zu lassen. Zu lernen, mit unterschiedlichen Rollen bewusst umzugehen, ist weit spannender und darüber hinaus auch klüger, als Persönlichkeitsveränderung zu praktizieren. Dies sollten wir wirklich den Psychotherapeuten überlassen.**

Vorstellungen bestimmen das Verhalten

Über eine zentrale Wahrheit aber sollten wir uns völlig klar werden: Unsere Vorstellungen und Sichtweisen bestimmen unser Verhalten, auch in der »Rolle«. Fast alles, was wir tun, ist ein Rollenspiel. Egal, ob uns dies bewusst ist oder nicht. Wenn wir uns mit der Rolle, die von uns verlangt wird, nicht identifizieren können, sind damit enorme Leistungsblockierungen verbunden.

Der Begiff »Rolle« stammt übrigens aus dem Theater. Die Schauspieler bekamen im frühen Mittelalter und schon lange davor ihre Texte in Form aufgerollter Pergamente, eben in »Rollen«. Nach und nach wurde das Wort in die Alltagssprache übernommen, und so formulieren wir z. B.: »Das (oder der) spielt doch keine Rolle« etc.

Die Rollenentwicklung

Die erste Rolle, die wir alle spielen, ist die des Babys. Zu dieser Rolle haben wir Rollenausstattungsmerkmale bekommen, wie zum Beispiel:

Die Babyrolle

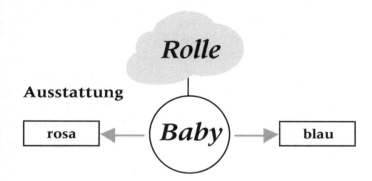

Die Babyrolle ist eine so genannte Monorolle, da sie ausschließlich durch Ausstattungsmerkmale definiert ist. Aber nun entwickelt sich die Rolle weiter:

Jetzt kommt hinzu, was Rollen immer begleitet, nämlich Erwartungen, Regieanweisungen, Belohnungen und gegebenenfalls auch Sanktionen.

Eine Regieanweisung für einen Jungen könnte z.B. lauten: »Ein Junge weint nicht«, für ein Mädchen: »Ein Mädchen darf das.«

Regieanweisungen

Eine der Regieanweisungen, die Erwachsene (auch das ist eine Rolle) an Kinder gerne geben, heißt z. B.: »Sei still, wenn Erwachsene reden.«

Hört ein Kind dies zigmal, läuft es zunehmend Gefahr, daran zu glauben, dass das, was es zu sagen hat, nicht wert ist, von Erwachsenen gehört zu werden. Vielleicht wird dieses Kind später einmal

Verkäufer und überträgt möglicherweise einem dominanten Kunden unbewusst die Rolle des »Erwachsenen«.

Dann kann es sein, dass der Verkäufer gegenüber diesem Kunden fast nicht mehr in der Lage ist, sich angstfrei auszudrücken. Die alte Regieanweisung »Kinder haben den Mund zu halten, wenn Erwachsene reden« wirkt bei ihm noch immer nach. Ein Rhetoriktraining würde ihm nur dann helfen, wenn gleichzeitig die negative Wirkung des geschilderten RollenSpiels durch die Klärung seines eigenen Rollenverständnisses aufgelöst werden würde.

Denn über ein klares Rollenverständnis können wir das annehmen und lernen, was die »Persönlichkeit« nur sehr schwer annehmen kann.

Ein klares Rollenverständnis

Dies haben offensichtlich auch schon die Genies der Psychotherapie, *Moreno* (der Vater des RollenSpiels) und *Fritz Pearls*, erkannt, die beide wie viele andere auf das Psychodrama und damit auf das RollenSpiel als Methode setzten. Allerdings taugt es in der psychotherapeutisch verwendeten Form nicht für das Verkaufs- und Führungstraining, obwohl es in abgewandelter Form immer noch so praktiziert wird.

Der Grund sollte jetzt klar sein: Wenn weder »das Stück« (das MarktSpiel) noch die Rolle klar definiert ist – was bitte soll dann ein im »luftleeren Raum« angesetztes Rollentraining bewirken? »Unecht, praxisfern, gekünstelt« verurteilten viele Teilnehmer diese Trainingsform. Recht haben sie, und da hilft dann auch die beste Fallstudie nicht weiter.

Rollenverständnis und RollenSpiel im MarktSpiel-System

Starten wir wieder bei unserem Punkt der Wertschöpfung, dem Ausgangspunkt unseres gesamten MarktSpiel-Systems. Schaffen wir uns Klarheit über unterschiedliche Rollen und deren Bedeutung für die Förderung und das Training von Verkäufern in Bezug auf die menschliche Seite des Erfolgs.

Wieder benutzen wir die vier Felder und unsere Basismatrix, wie sie sich analog zur MarktSpiel-Darstellung ebenfalls aus dem Punkt der Wertschöpfung ergibt.

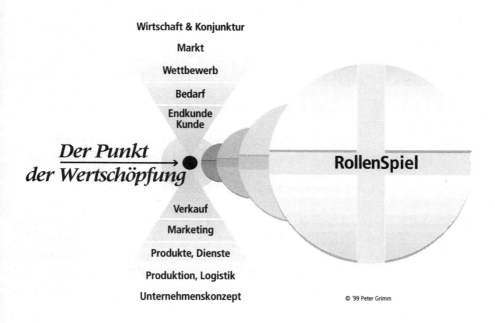

Die folgende Grafik verdeutlicht den methodischen Zusammenhang in unserem Modell:

Zum besseren Verständnis ordnen wir den Feldern des Modells wieder die Zahlen 1 bis 4 zu.
Betrachten wir die Grafik genauer, fällt sofort auf, wie sich die vier Felder des MarktSpiels und des RollenSpiels im Hinblick auf ihre Energien gleichen.
Das Feld 1 der *Vorgaben-Orientierung* und das Feld 2 der *Beziehungs-Orientierung* entsprechen den Feldern im MarktSpiel mit geringem bzw. gehobenem Anspruch.

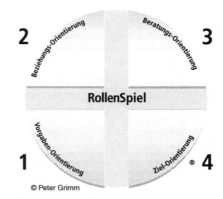

Beratungs-Orientierung in Feld 3 und *Ziel-Orientierung* in Feld 4 haben Topanspruch. Im RollenSpiel finden wir in Feld 1 den Begriff *Verwalter*, in Feld 2 *Kontakter*, in Feld 3 *Entwickler* und in Feld 4 den *Jäger* – alle sind Synonyme für die dahinter stehenden *Verhaltens-Energien*.

11.3 Die vier Basis-RollenSpiele im Verkauf

Vorbemerkung Warum und wodurch ein Mensch »Vorlieben« entwickelt, die letztlich sein Verhalten steuern, liegt neben seinen »Talenten« an der Erziehung, am Elternhaus, an der gesamten Sozialisation, aber eben auch und ganz speziell an der »Rolle«, die ein Mensch primär zu »spielen« gelernt hat.

Ebenso erzeugen auch Unternehmen ganz bestimmte rollensoziologische Verhaltensweisen. Das sind jene Verhaltensfelder, die sich einerseits aus den bewussten oder unbewussten Werthaltungen der Unternehmen und andererseits aus den betonten Positionen der Erwartungen an eine jeweilige Rolle (Verkäufer, Führungskräfte, Manager etc.) ergeben.

Ergänzend prägen allgemeine Normen, Erwartungen und Rituale die Verhaltensfelder, und so ist es durchaus erklärlich, dass die berufliche »Rolle« anders gelebt wird als die private. Je größer aber die Übereinstimmung zwischen beiden, desto größer ist auch die Wirkung, und zwar unabhängig davon, in welchen Verhaltensfeldern sie dominiert.

Das RollenSpiel des Verwalters (Feld 1)

Kurzprofil des vorgabenorientierten Verkäufers:

- ist zuverlässig in von ihm akzeptierten Strukturen
- arbeitet auskunftsbezogen und nach Vorgaben
- ist sicherheitsmotiviert und risikomeidend
- hat weniger Ehrgeiz zur Karriere
- hält Arbeit gegenüber dem Privatleben für zweitrangig
- arbeitet ohne klare, eigene Ziele

- **Hauptschwäche**: mangelnde Kreativität, Probleme mit »Neuem«.

Der Verwalter ist vorgabenorientiert. Er ist angepasst und systemkonform, eher ein rationaler Typ, dessen Stärken in der Umsetzung liegen. Im positiven Falle ist er der zuverlässige, loyale und systemtragende Verkäufer, auf dessen Ergebnisse man sich verlassen kann; negativ ist, dass er jedes Risiko vermeidet.

Stärken und Schwächen des Verwalters

Er läuft Gefahr, sich als »Briefträger für Angebote« das Leben leicht zu machen. So wird er leicht zum »Abfrager«, der Aufträge für vorhandenen Bedarf entgegennimmt. Anders ausgedrückt: Am erfolgreichsten ist der Verwalter, wenn ihn das System trägt und (fast) alles vorgedacht wird.

Er verlässt sich auf sein (Unternehmens-)System, so wie sich das Unternehmen auf ihn als Systemträger verlassen kann. Flexible Kreativität ist nicht seine Stärke. Im wirklich harten Wettbewerb wird der Verwalter nur dann bestehen, wenn er im Preiskampf die günstigeren Konditionen hat.

Das Verhaltensfeld Verwalter entwickelt sich immer dort am besten, wo die Dinge im Markt »vorverkauft« sind, gleich, durch welche Einflussgrößen, sei es nun Bekanntheitsgrad, Marke, Preis, Service oder Logistik.

Das RollenSpiel des Kontakters (Feld 2)

Kurzprofil des beziehungsorientierten Verkäufers:

- ausgewogen und initiativ
- stolz auf seine Kontakte zu Kunden
- kooperativ, loyal (fragt sich nur, zu wem)
- eher konservativ
- verwaltungstechnische Einzelheiten und Schriftverkehr widerstreben ihm

- Hauptschwäche: übernimmt Meinungen und Forderungen des Kunden, um seine »guten Kontakte« aufrechtzuerhalten. Wird dann zum »Briefträger« des Kunden gegenüber seinem Unternehmen.

Der Kontakter orientiert sich an seinen persönlichen Beziehungen. Er ist ausgewogen und initiativ. Seine Stärke ist die Flexibilität, seine Schwäche die Oberflächlichkeit.

Der Kontakter ist emotional. Er ist der zweckorientierte »Beziehungstechniker«, der kommunikativ und aufgeschlossen auf Menschen zugeht. Der gute Kontakt zu »seinen« Kunden ist für ihn lebenswichtig, und genau deshalb wird er alles daransetzen, diese guten Kontakte nicht durch allzu unbequeme verkäuferische Verhaltensweisen in Frage zu stellen.

Stärken des Kontakters

So lenkt er geweckten oder vorhandenen Bedarf auf die Mühlen seiner Firma, führt neue Produkte oder Dienstleistungen ein, insbesondere solche, die keine komplizierten konzeptionellen Beratungen verlangen.

Der typische »Kontakter« verfügt durchaus oft über ein unbewusstes oder bewusstes Repertoire an Verkaufstechniken, und er ist dann am erfolgreichsten, wenn er beim Kunden den Wunsch oder die Überzeugung geweckt hat, mit ihm zu arbeiten und bei ihm zu kaufen.

Stolz, wie er mit Recht auf seine guten Beziehungen zum Kunden ist, läuft er dennoch Gefahr, diese Beziehungen überzubetonen und Veränderungen im Markt entweder gar nicht oder nur sehr schwer zu realisieren.

Schwächen des Kontakters

Auch dann, wenn z. B. der Kunde seine guten Beziehungen zum Kontakter (be)nutzt, um diesem klar zu machen, dass er »leider woanders kaufen musste«, also »untreu« war, signalisiert der typische Kontakter noch erwartungsgemäß Verständnis.

In der Gewinnung neuer Kunden tut sich der typische Kontakter dann schwer, wenn er den erforderlichen Beziehungsaufbau in seinem Gebiet glaubt »abgeschlossen« zu haben. Es sei denn, das MarktSpiel, in dem er tätig ist, verlangt systembedingt die permanente Neukundengewinnung.

Das RollenSpiel des Entwicklers (Feld 3)

Kurzprofil des beratenden Verkäufers:

- sachbetont, eher rational
- auf Beratung eingestellt, nicht auf Verkauf
- nicht ungeduldig, aber wenig impulsiv
- konzeptionelles Denken in Verbindung mit Fachwissen auf hohem Niveau
- nicht abschlussbetont

- Hauptschwäche: erwartet vom Kunden die Abschluss-Einleitung und den Kaufwunsch.

Der Entwickler ist stark beratungsorientiert. Er ist konzeptionell-ordnend. Seine Stärke liegt in seiner Gründlichkeit, die im negativen Sinn auch pedantisch sein kann. Der Entwickler ist ein gestalterischer Typ, allerdings mehr auf rationaler Ebene. Schließlich ist er »Berater« und will »beratend beeindrucken«.

Typmäßig ist er der »Logiker« unter den Verkäufern und prädestiniert für fundiertes Fachwissen. Damit kann er

glänzen, und das ist auch überall dort erforderlich, wo Beratungskompetenz gebraucht wird.

Als typischer Entwickler ist er auf sein Produktwissen sehr stolz und dominiert überall dort, wo der Kunde wenig Erfahrung in den angebotenen Produkten oder Dienstleistungen hat. Ganz auf »Beratung« eingestellt erwartet er, dass in der Abschlussphase die Kunden die gute Beratungsleistung durch den Kauf »quittieren«.

Schwächen des Entwicklers

Und genau hier liegt seine Schwäche: Er macht »den Sack nicht zu«: Den Abschluss einzuleiten oder gar konsequent durchzuführen, ist nicht seine Sache. So kommt es, dass der typische Entwickler oftmals Gefahr läuft, dass seine Beratungsleistung die Basis für die Beauftragung eines anderen abgibt.

Denken Sie an den Kunden im Consumer-Markt, der sich in einem Fachgeschäft alles über Spiegelreflex-Kameras erklären lässt, um dann zum Media-Markt zu fahren und dort zu kaufen.

Das RollenSpiel des Jägers (Feld 4)

Kurzprofil des ziel- oder abschlussorientierten Verkäufers:

- kann »Spuren lesen«, sprich: Bedarf ermitteln
- extrovertiert, oft charismatisch
- auf Wettbewerb eingestellt
- durchsetzend, will »es« wissen, kann aber auf den richtigen Zeitpunkt warten
- ausgeprägtes Selbstvertrauen, Enthusiasmus,
- impulsiv im »Hier und Jetzt«

- Hauptschwäche: Hang zur Aggressivität, wenn es mal nicht so geht wie erwünscht

Stärken des Jägers

Der Jäger ist zielorientiert. Sein Handeln ist dynamisch auf ein konkretes Ergebnis ausgerichtet. Wenn er es gelernt hat, ist er ein fähiger Bedarfsermittler, denn ein Jäger muss Spuren lesen können.

Seine Stärke liegt in seiner Durchsetzungskraft, die allerdings auch aggressiv sein kann. Im Verkauf der abschlusssichere Macher, emotional und stark in der Umsetzung, setzt er so viel Fachwissen wie nötig und so viel Durchsetzungskraft wie möglich ein. Er will Erfolg in seiner Zielsetzung.

Ist er darüber hinaus noch charismatisch begabt, kann er Menschen mitreißen und zu einer Entscheidung führen. Die Fähigkeit, »den Sack zuzumachen«, Ergebnisse zu wollen und auch zu erreichen, macht ihn wertvoll. Er will Erfolg und scheut auch, falls erforderlich, nicht die (möglichst positive) Provokation.

Hand in Hand mit diesen Fähigkeiten neigt er aber zu einer etwas egozentrischen Einstellung. So ist der Jäger oft auch unbequem. Manchmal will er mit dem Kopf durch die Wand statt mit den Augen durch die Tür.

Schwächen des Jägers

11.4 Auswertungsbeispiele für Verhaltens-Tendenz-Profile

Da Einsicht (»eine Sicht«) der einzige Weg ist, Erkenntnisse zuzulassen, nützt es überhaupt nichts, ja ist es im höchsten Maße gefährlich, andere mit einer pauschalisierten Rollenzuweisung zu etikettieren.

Dies auch deshalb nicht, weil es so gut wie nie »reinrassige« Rollen geben kann. Auch hier entscheidet die Mischform, wenngleich *eine* Rolle nahezu immer Prioritätscharakter hat.

Um jedem einzelnen Verkäufer, aber auch Führungskräften des Verkaufs und dem verkaufsbezogenen Innendienst zu ermöglichen, individuell die eigene, meist unbewusste Rollensicht zu erleben, haben wir unsere rollenbezogenen Verhaltens-Tendenz-Profile entwickelt. Sie zeigen überaus präzise, zu welcher Rollenverteilung jeder Einzelne neigt.

Ziel der Verhaltens-Tendenz-Profile

Ziel der Verhaltens-Tendenz-Profile ist es, dem Einzelnen ein visualisiertes Bild seines Rollenverständnisses zu geben und einsichtig zu machen, welche Verhaltensweisen er auch im Hinblick auf das zu leistende MarktSpiel zusätzlich erwerben sollte.

Es geht in diesem Zusammenhang darum, genau die Themen oder das Know-how mit dem Teilnehmer zu ermitteln und zu trainieren, das ihm fehlt, seinen Erfolg noch bewusster steuern zu können. So geht es also immer um eine *Erweiterung* (Bereicherung) des Wirkungsgrades in Bezug auf ein präzise definiertes MarktSpiel.

Dies bedeutet auch, dass es niemals darum gehen kann, jemanden zu »ändern« oder gar zu »verbiegen«. Es geht vielmehr um die größtmögliche Stimmigkeit in einem MarktSpiel und um Wirkungsförderung.

Verhaltens-Tendenz-Profile sind verfügbar für Verkauf, Innendienst, Führung und als berufsbezogenes Einsatz-Tendenz-Profil, das die rollenbedingte Neigung zu unterschiedlichen Tätigkeitsbereichen visualisiert.

Hier nun einige Auswertungsbeispiele unserer Verhaltens-Tendenz-Profile »Verkauf« zur Verdeutlichung der Systematik:

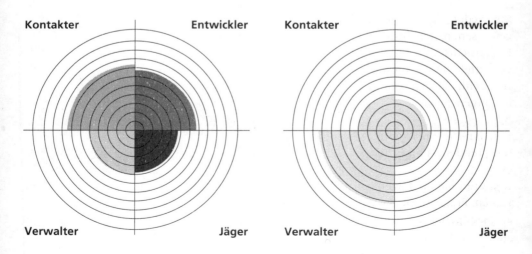

Die linke Grafik des ersten Beispiels zeigt das *Verhaltens-Tendenz-Profil »Verkauf«* mit der Kombination Kontakter-Entwickler/Verwalter, die rechte Grafik zeigt die *TätigkeitsNeutralen Verhaltensfelder* in der Kombination Verwalter-Kontakter/Jäger.

Die linke Grafik des zweiten Beispiels zeigt das *MarktSpiel-Tendenz-Profil* mit der Kombination Jäger-Verwalter/Kontakter, die rechte Grafik zeigt den *Verkaufs-/Aktionsanspruch* in der Kombination Kontakter-Jäger/Verwalter.

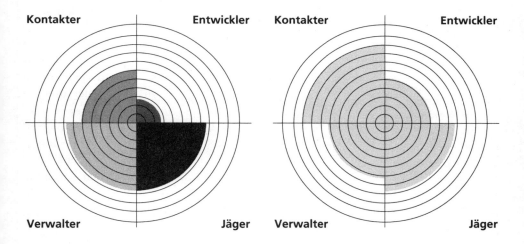

Da weder Fähigkeiten noch sonstige in Tests üblicherweise gemessenen Attribute geprüft werden, sondern ausschließlich Rollensichtweise und Rollenverständnis präzise und einsichtig vermittelt und dargestellt werden, entsteht keine sonst übliche Gut-Schlecht-Polarisierung mit all ihren sattsam bekannten Belastungen.

Hier ein kleiner Auszug unserer Profile am Beispiel des Verhaltens-Tendenz-Profils *TätigkeitsNeutrale Verhaltensfelder (TNV)*.

Individuelle TätigkeitsNeutrale Verhaltensfelder

Kopieren Sie die folgenden Seiten und faxen Sie uns den ausgefüllten Fragebogen an die am Buchende *(Unser Service für Ihre Themen)* genannte Adresse.

Sie erhalten dann gegen eine Schutzgebühr von 35 DM Ihre individuelle Auswertung, die Ihnen zeigt, zu welcher Rollenverteilung Sie im Privatleben (also *nicht* in Ihrer beruflichen Rolle!) neigen. Wie Sie sich in Ihrer beruflichen Rolle sehen, ist ein anderes Thema, das wir ebenfalls, aber in einer anderen methodischen Gestaltung, präzisieren.

Verhaltens-Tendenz-Profil

TNV-TätigkeitsNeutrale Verhaltensfelder

Profil erstellt für Vorname / Name:		Datum:
Produkt / Bereich:		
Aufgabe:		
Firma:		

Geschäftsleitung: ☐	Mitarbeiter: ☐	Profil erstellt als …	Eigenprofil: ☐
Führung: ☐	Verkauf – AD: ☐		Modell: ☐
Coach: ☐	ID: ☐		

Bitte kopieren und faxen.   © '99 Peter Grimm

Ausfüllen des Profilbogens

Es geht um Verhaltensweisen, die andere (Freunde, Lebenspartner) als typisch für Sie bezeichnen würden (z.B. »du immer mit deinem Genauigkeitsfimmel …«).

Wenigstens drei Aussagen innerhalb eines Themenfeldes müssen gewertet werden, wobei jeweils nur einmal die *1 (= selten)*, einmal die *2 (= öfter)* und einmal die *3 (= typisch)* angekreuzt werden darf. Ein viertes Feld Ihrer Wahl kann mit »nie« gewertet werden, trifft also überhaupt nicht auf Sie zu. Dann darf in diesem Feld auch keine Zahl angekreuzt sein.

Sollten Sie jedoch alle vier Felder mit Zahlen werten, dann darf eine Zahl doppelt vorkommen.

TNV – TätigkeitsNeutrale Verhaltensfelder

Konsequenz

Manchmal bin ich etwas unentschlossen oder sogar ein wenig »wankelmütig«.

Ich bestehe gern auf meinem Standpunkt, auch wenn ich andere manchmal damit »nerve«.

Ich brauche eine klare Linie und bin manchmal etwas »überordentlich«.

Geduld ist nicht meine Stärke, und wenn zu wenig passiert, kann ich schon mal aggressiv werden.

Toleranz

Ich kann Leute nicht ausstehen, die immer alles besser wissen.

Wenn andere nicht einsehen und verstehen wollen, ziehe ich mich gerne zurück.

Ich lasse andere Meinungen gelten, aber Spielregeln müssen eingehalten werden.

Ich bin manchmal zu forsch und nicht immer diplomatisch.

Temperament

Es kann schon sein, dass ich manchmal die Geselligkeit übertreibe.

Vielleicht wirke ich manchmal reserviert und kühl.

Mich regt wenig auf, und ich kann auch mal »abwarten und Tee trinken«.

Wenn sich nichts tut, fahre ich schon mal »aus der Haut«.

TNV – TätigkeitsNeutrale Verhaltensfelder

Initiative

Ich lasse mich oft von anderen beeinflussen und kann manchmal schwer Nein sagen.

13

15

Ich brauche manchmal etwas Anschub.

Wenn ich etwas erkläre oder selbst wissen will, kann ich schon mal penetrant werden.

14

16

Ich handle manchmal zu impulsiv und vorschnell.

Zeitorientierung

Ich habe Verständnis für die Zeitprobleme anderer, auch wenn ich mich insgeheim schon darüber ärgere.

17

19

Mein Tagesablauf ist klar umrissen. Pünktlichkeit und Zuverlässigkeit braucht eben eine gewisse Ordnung.

Mit meinem Zeitbudget habe ich etwas Probleme. Nicht alles läßt sich in Minuten fassen.

18

20

Ich kann richtig »fuchsig« werden, wenn ich auf andere warten muss, nur weil sie ihre Zeit nicht im Griff haben.

Stressverhalten

Keinen zu verärgern und alles unter einen Hut zu bekommen, ist manchmal einfach stressig.

21

23

Immer eins nach dem anderen – mich bringt wenig aus der Ruhe.

Ich kann nichts so lassen, wie es ist. Dieses »verbessern wollen« lässt mich einfach nicht los.

22

24

Ich setze mich am meisten selbst unter Druck, offensichtlich brauche ich das.

11.5 Vier GrundSpiele und zwölf Mischformen im RollenSpiel des Verkaufs

Wir haben die vier RollenSpiele nun als »plakative Monospiele« kennen gelernt. Niemand aber spielt nur ein Spiel. Es sind vielmehr die Mischformen, die das Verhalten erklären und erwünschtes Verhalten auch erlernbar (trainierbar) machen.

Die Mischformen

Wichtig aber bleibt nach wie vor, welches RollenSpiel dominiert und wie es »energetisch« unterstützt oder blockiert wird. So ergeben sich aus Monofeldern und Mischformen folgende Rollen-Spiele:

- Verwalter-unterstütztes,
- Entwickler-unterstütztes,
- Jagd-unterstütztes

»Kontakter«-Feld

- Kontakt-unterstütztes,
- Entwickler-unterstütztes,
- Jagd-unterstütztes

»Verwalter«-Feld

- Verwalter-unterstütztes,
- Kontakt-unterstütztes,
- Jagd-unterstütztes

»Entwickler«-Feld

- Verwalter-unterstütztes,
- Kontakt-unterstütztes,
- Entwickler-unterstütztes

»Jäger«-Feld

Unsere Betrachtung erlaubt die Differenzierung von zwölf Verhaltensvariationen, die nun je nach RollenSpiel überwiegend rational oder emotional, aber auch introvertiert oder extrovertiert gelebt werden können.

Mit der gleichen emotionalen Energie, mit der z. B. der Kontakter Beziehungsgestaltung betreibt, kann der Jäger sich mit mehr Durchsetzungskraft einsetzen.

Emotion und Ratio

Und es ist ebenso ein enormer Unterschied, ob die Ratio des Verwalters die von ihm benötigten Leitlinien verteidigt oder ob die Ratio des Entwicklers Strukturen analysiert und sich von Leitlinien wenig beeindrucken lässt.

So auch im Wechselspiel der Energien: Es ergeben sich jeweils unterschiedliche Verhaltensbilder, wenn Ratio und Emotion z. B. in der Kombination Entwickler und Jäger zusammentreffen oder in der Kombination Kontakter und Verwalter. Wieder anders ist das Bild, wenn Emotion und Ratio in der Kombination Kontakter und Entwickler oder in der Kombination Verwalter und Jäger das Verhalten bestimmen.

Eminent wichtig und von großer Bedeutung ist, das MarktSpiel des Unternehmens sowie die Rollensicht der Akteure auf die Erwartungen der Kunden und die erwünschten (Erfolgs-)Ziele abzustimmen.

11.6 Vom Rollenverständnis zur Rollenkompetenz

Ziel für Vertrieb und Verkauf

Kernziel für das Vertriebsmarketing und die Verkaufsarbeit ist es, die Stimmigkeit von MarktSpiel, Rollenkompetenz und dem Anspruch der Kunden zu erreichen. Diese Forderung ist auch in Bezug auf das Pareto-Prinzip stimmig. Unsere Analysen zeigten, dass da, wo Rollenverständnis und MarktSpiel einfach stimmig waren – und auch die anderen Parameter, z. B. die mathematische Seite und die Ökologie des Einsatzes, intelligent genutzt wurden –, überzeugende Erfolge erwuchsen.

Nachstehend der Zusammenhang zwischen MarktSpiel und Rollenverständnis:

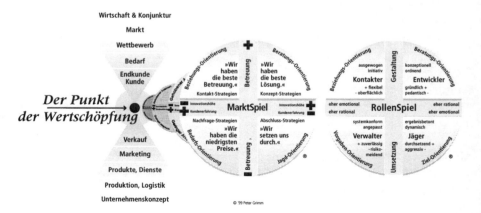

Jede MarktSpiel-Kombination und jedes RollenSpiel hat seine Sprachmuster und erfordert spezielle Kommunikationstechniken. Diese müssen nun jeweils mit den Anforderungen, wie sie an den Verkauf entstehen, verknüpft und trainiert werden. Aber bitte nicht mit der Gießkanne, sondern höchst spezifisch auf die Punkte konzentriert, die der einzelne Verkäufer individuell braucht, um sofort erfolgreicher sein zu können.

Erkenntnisse für Förderung und Training der Verkäufer

Von besonderer Bedeutung ist dabei, dass der einzelne Verkäufer seine bisherige Sicht in Bezug auf sein MarktSpiel und sein Rollenverständnis selbst erkennt.

Selbsterkenntnis ist notwendig

Erst dann entsteht jene Lernmotivation, die dazu führt, es wirklich wissen und Rollenverständnis auch in Rollenkompetenz umsetzen zu wollen. Ohne Einsicht (die gemeinsame Sicht von Trainee und Trainer bzw. Coach) läuft nichts. Diese »Ein-Sicht« aber muss geweckt und nachvollziehbar werden. Deshalb haben wir hierfür eigens die Werkzeuge zur Rollensicht-Erkenntnis geschaffen, die wir, wie schon ausgeführt, Verhaltens-Tendenz-Profile nennen.

12. Gedanken zur Verkaufsentwicklung

12.1 Die acht wichtigsten Themen des Verkaufs

Die Optimierung des Banalen

Unter »Verkaufsentwicklung« ist auch die Optimierung des (scheinbar) Banalen gemeint, wobei man sich aber vor der »Perfektions-Sucht« hüten muss. Gemeint sind all die Abläufe, die so einfach erscheinen, aber in der Realität nicht oder nur mit »Knirsch-Effekt« funktionieren, angefangen von der Zielgruppenklarheit über die Kundenselektion bis zum After-Sales-Service. Es ist klug, sich die tatsächliche Bedeutung jeder dieser Abläufe unternehmensspezifisch im Hinblick auf mögliche Erfolgsblockierungen genau anzusehen.

> **Alles, was zu grob »gerastert« ist, entwickelt eine nur sehr schwer zu durchschauende Eigendynamik. Es wird dann schwer zu erklären oder zu verstehen, warum etwas gut oder schlecht läuft. Ohne Tiefenverständnis für die Details ist ein MarktSpiel zu sehr zufallsabhängig und damit schwer zu steuern.**

In diesem Kapitel werden die acht wichtigsten Themen zur Entwicklung des Verkaufs behandelt, die den Erfolg mitbestimmen.

- Zielgruppenselektion und Kundenauswahl
- Sortimentsgestaltung und Angebotsbreite
- Die MarktSpiel-Intelligenz
- Angebots- und Nachfassprozesse
- Service als Chance

- Eliminierung von »Blindleistungen«
- Empfehlungskultur
- Die Zukunft des Verkaufs

Selbstverständlich gibt es eine Fülle weiterer höchst sensibler Themen, wie z. B. die Gebietsgröße pro Verkäufer, das Zusammenspiel zwischen Innendienst und Außendienst und die Schnittstellenproblematik zu anderen Bereichen, insbesondere zu Logistik und Kundendienst. Dies würde jedoch ebenso wie die Verkaufstechnik (Planung und Vorbereitung, Verkaufsgesprächsführung, Abschlusskonsequenz) den Rahmen dieser Betrachtungen sprengen.

12.2 Zielgruppenselektion und Kundenauswahl

Der teuerste Vertriebsweg ist der Verkaufs-Außendienst. Umso erstaunlicher ist, wie viel Besuchsenergie z. B. auf zu kleine Potenziale konzentriert wird. Wo es mehr Akzeptanz und Anerkennung gibt, da geht man eben verständlicherweise lieber hin, auch wenn es nichts bringt.

Verlorene Energien

Die Kernfrage jeder Zielgruppenselektion ist deshalb: Für wen können wir wirklich wertvoll, wichtig, ja sogar einzigartig sein?

Kunden sind immer höchst erwünscht, aber bestimmt nicht um und zu jedem Preis. Es gibt Kunden, bei denen die Reklamation schon mit dem Auftrag feststeht, und solche, die Verkäufern und Mitarbeitern so viel Energie absaugen, dass zu wenig Kraft für die Erwünschten bleibt. Solche Kunden sollte man an den Wettbewerb weiterleiten. Das ist dann »Wettbewerbsversorgung«.

Denn diese Kunden kosten genau die Energie, die für die erwünschten Kunden nicht mehr zur Verfügung steht. Tragisch wäre nur, wenn genau die Kunden, die man eigentlich dem Wettbewerb überlassen sollte, ausgerechnet 80 Prozent des Umsatzes ausmachen.

Neukundenselektion Nur wenige Unternehmen entscheiden eindeutig, wen sie z. B. als neue Kunden wirklich wollen. Noch immer dominiert die Einstellung: Kriegen wir »den«, ist es gut, wenn nicht, will der Wettbewerb ja schließlich auch leben.

Dabei gilt für die Kundenauswahl genauso wie in anderen Zusammenhängen: Wer nicht weiß, wohin er will, kommt ganz woanders aus.

Zielgruppenbestimmung und Kundenselektion sind auch und gerade in Verbindung mit dem jeweiligen MarktSpiel zu sehen. »Nicht vor dem falschen Fenster singen« sagen die Bayern. Produkte, Dienstleistungen, Kunden und Verkäufer müssen zusammenstimmen. Nur dann kann Optimales erreicht werden.

12.3 Sortimentsgestaltung und Angebotsbreite

Verzettelung im Sortiment Das Bedürfnis nach Sicherheit ist die Mutter vieler »Beine« in der Sortimentsgestaltung. Das führt zu viel zu breiten Sortimenten, die auch vom besten Verkäufer nicht mehr zu handhaben und von den Kunden nicht mehr zu durchschauen sind.

Das Bedürfnis nach Sicherheit kann zur Verzettelung in der Sortimentsgestaltung führen.

Auch für die Sortimentsgestaltung gilt das Pareto-Prinzip. Wird dann tatsächlich einmal eine Sortimentstraffung durchgeführt, sind es oft gerade die Verkäufer, die »Zeter und Mordio« schreien, weil just in diesem Augenblick genau die Produkte zum Renner geworden wären, die man jetzt herausnimmt. Also bleiben sie drin – und nichts ändert sich.

Paretos Prinzip, das Hebelgesetz der Physik und alle Erkenntnisse der Gehirnforschung sagen letztlich das Gleiche: Konzentration überwindet Widerstände – und Breite führt zur Verzettelung der Kräfte. Sortiments-Intelligenz ist gefragt.

Wolfgang Mewes wurde nicht müde, diese Zusammenhänge in seiner *Engpass-Konzentrierten Strategie (EKS)*, später *Energo-Kybernetische Strategie* genannt, zu verdeutlichen.

Da führt z. B. der Handel von ein und derselben Produktgattung zig Marken und wundert sich, kein eindeutiges Profil zu besitzen. Ein Profil ist »eine markante Linie« (Duden), und ein markantes Profil ist die beste Strategie gegen »Schwammigkeit«. Profillosigkeit ist der wohl sicherste Weg in die Austauschbarkeit, nicht nur für den Handel.

Profil gewinnen

Ein zu breites Sortiment macht inkompetent, verkäuferisch inkonsequent und erfolgsbezogen impotent.

Aldi erreicht mit ca. 800 angeblichen NoName-Produkten pro Filiale mehr Umsatz als die meisten Supermärkte mit bis zu 20 000 (!) Artikeln. Aldi ist alles andere als profillos, was bedeutet, dass jeder Verbraucher zum Unternehmen eine klare Zuordnung hat. Und Aldi hat sich selbst zur Marke gemacht, genauso wie Würth, der Montageprofi.

Künftig wird ohnehin eine bisher selten diskutierte Disziplin zum entscheidenden Erfolgsfaktor der Unternehmen: die Markt-Spiel-Intelligenz.

12.4 Die MarktSpiel-Intelligenz

Da ist ein Unternehmen im MarktSpiel »Beziehungsgestaltung« angesiedelt und entwickelt nun absolut »beratungsbedürftige« Innovationen. Was geschieht, ist klar: Der beziehungsgeführte Verkäufer soll nun auch diese neuen beratungsorientierten Produkte im Markt einführen und verkaufen.

Unterschiedliche MarktSpiele haben unterschiedliche Anforderungen

Plötzlich hat er andere Gesprächspartner, wenngleich bei denselben Kunden. Die Themen der Gespräche ändern sich usw. Darauf ist er weder vorbereitet, noch liegt ihm dieses Spiel. Der Rest ist Schweigen.

Wie viele Konzeptionen von unterschiedlichen Produkten und Themen genau aus diesem Grund scheiterten, ist nie erfasst – sie sind im achselzuckenden »da kann man nichts machen«-Nebel oder der »Pech gehabt«-Erklärung versandet.

Die Wirkung des Verkäufers

Dass unterschiedliche Marktspiele unterschiedliche Anforderungen stellen, betrifft auch die »Auftritts«-Wirkung des Verkäufers, die sich naturgemäß im Sprachgebrauch ebenso zeigt wie in der Niveauanforderung. Ein guter Repräsentant des bedarfsorientierten Feldes wird sich im Feld Beratungskompetenz schwer tun, wenn ihm – neben anderem – die entsprechende Niveauhöhe fehlt, um von den Gesprächspartnern dieses Feldes ernst genommen bzw. akzeptiert zu werden. Ein Entwickler tut sich schwer im Feld der Spontaneität und des Abschlusses im Hier und Jetzt.

Lasst also den Jäger jagen, den Kontakter kontakten, den Entwickler beraten und den Verwalter verwalten, aber bitte im jeweils »richtigen« MarktSpiel und in der richtigen Mischform. Den richtigen Mann, die richtige Frau am richtigen Platz einzusetzen ist auch im Verkauf das Klügste, was man tun kann.

Bezogen auf das Mehrfach-Rollenerfordernis darf nie vergessen werden, ein klares Profil zu erarbeiten und zu fördern. Es ist nun mal nicht egal, welche Rollenkompetenz Nummer 1 und welche Nr. 2 und 3 sind.

12.5 Angebots- und Nachfasskultur

Fehlende Angebotskultur

Wenn man bedenkt, wie viel Energie auf die Unternehmensdarstellung konzentriert wird und wie in Hochglanzbroschüren und mit PR-Anstrengungen alles getan wird, um Unternehmen und Produkte ins rechte Licht zu rücken, dann ist die Lieblosigkeit der Angebotserstellung geradezu erstaunlich.

Da werden mit endlosen Zahlenkolonnen und raffiniertem Fachchinesisch Angebote zusammengestellt, bei denen der Empfänger schon aus reinem Überlebenstrieb nur noch eines tun kann: die letzte Seite mit dem Schlussstrich, also die Kosten zu beachten.

Alles andere ist so sterbenstrocken, dass der heilige Bürokratismus dagegen wie ein Erfrischungsbad wirkt. Nein, von einer Angebotskultur ist wirklich wenig, oft gar nichts zu spüren.

Wir leben alle vom Verkauf, und ein motivierendes Angebot in mündlicher oder schriftlicher Form adelt seinen Absender – und damit den Verkauf.

In der Baubranche ist die Angebotslangeweile offensichtlich systemimmanent. Als Begründung z. B. bei öffentlichen Ausschreibungen hört man immer, dass die Ausschreibungstexte in der VO (Vergabe-Ordnung) vorgeschrieben seien. Richtig ist aber auch, dass es dort sehr bewusst heißt: »Der Preiswerteste soll den Zuschlag bekommen« – und eben nicht »der Billigste«.   **Beispiel Baubranche**

Preiswert aber kommt von »Preis« und »Wert«. Und den »Wert« dessen, wie man seine spätere Ausführung anders macht als der »Billige«, den kann man doch auf separaten und spannenden angebotsbegleitenden Unterlagen darstellen, oder nicht?

Natürlich bedarf es dazu einer größeren Anstrengung als für die stupiden Zahlenfriedhöfe.

Auch die Angebote für Maschinen oder maschinelle Anlagen sehen nicht viel anders aus. Im Interesse einer besseren Verkaufskultur gilt daher:

Mehr Angebotsspannung und weniger Abwicklungslieblosigkeit tragen zu größeren Verkaufserfolgen bei.

Auch mit der Nachfassstrategie ist es nicht besser. Noch immer wird ein teilweise verschwindend kleiner Teil mühsam erarbeiteter Angebote überhaupt nachgefasst. Obwohl jeder Landwirt weiß: Im Nachmelken liegt der größte Fettgehalt der Milch.   **Fehlende Nachfasskultur**

Selbst dort, wo tatsächlich nachgefasst wird, fehlt in den meisten Fällen ein systematisch gut durchdachter Nachfassprozess. Dieser kann allerdings auch nur höchst individuell und unternehmensintern gestaltet werden. Aber er ist nun einmal der Königsweg der Verkaufskultur.

Es ist oft geradezu verblüffend, wie ein gut durchdachter Angebots- und Nachfassprozess das Verhältnis zwischen Angebot und Auftrag verbessert. Hier liegen für viele Unternehmen wirklich echte Effizienz-Reserven. In den Rahmen dieser Betrachtungen gehört auch das Thema »Service«.

12.6 Service als Chance

Abschied von der Vergleichbarkeit

Auch für den Service gilt, dass er aus der Vergleichbarkeit herauskommen muss. *Topservice* heißt die Forderung im Rahmen einer neuen Verkaufskultur. Wer das macht, was alle machen, bekommt auch bestenfalls das, was alle anderen erhalten, aber eben kein Stück mehr.

Wenn eine ganze Branche einen Lieferzyklus von 24 Stunden hat, nutzt es wenig, bei 36 Stunden zu verharren. Es nutzt aber genauso wenig, auf 20 Stunden zu gehen, weil diese Unterscheidung als Differenzierungsmerkmal einfach zu wenig Biss und Kraft hat. Wenn schon, dann hätte ein Lieferzyklus von 12 Stunden mehr Anreiz für die Kunden. Aber dies auch nur dann, wenn dem ein echtes Bedürfnis zugrunde liegt.

Was aber verlangt Topservice als Differenzierungskonzept im Wettbewerb der Kundengewinnung? Sehen wir uns das an:

Komponenten des Topservice

Topservice ist eine Haltung, eine Einstellung und eine Philosophie mit dem Ziel, Leistungen, wo immer möglich, sachlich und emotional aus der Vergleichbarkeit zu führen und den Kunden das Erleben zu vermitteln, die beste Betreuung zu haben, auch in Bezug auf den Wettbewerb.

Topservice ist zunächst einmal eine Philosophie, die methodisch gut untersetzt werden muss, da sie ja nachvollziehbar von den Mitarbeitern übernommen und damit lebbar gemacht werden muss. Sie umfasst auch *Hygienefaktoren*, also (Service- und Produkt-)Leistungen, die der Kunde überall erhält, die aber durch die Art und Weise, wie sie von Mitarbeitern praktiziert werden, eine Besonderheit erhalten.

Hygienefaktoren

Topservice konzipiert weiterhin *Leistungen*, die der Kunde in dieser Form nicht erwartet und die ihn deshalb auf eine wohlverstandene Weise »erfreuen«.

Außergewöhnliche Leistungen

Auch diese Servicequalität erwächst zunächst einmal aus der Philosophie, gerade die oft scheinbar für unbedeutend oder für selbstverständlich gehaltenen Dinge dem Kunden so nahe zu bringen, dass dieser erkennt, dass »an ihn gedacht« wird. Dazu zählen aktuelle Anrufe ebenso wie die kleinen Aufmerksamkeiten in einer Geschäftsstelle.

Topservice bedeutet außerdem, für den Kunden in schwierigen Situationen da zu sein, oder auch – wenn etwas wirklich nicht geht – konstruktiv, freundlich und überzeugend die Kunst zu praktizieren, »motivierend« Nein sagen zu können und dem Kunden dies nachvollziehbar zu begründen.

In schwierigen Situationen da sein

Topservice bedeutet, den Kunden vor Schaden zu bewahren – manchmal auch vor sich selbst. Topservice ist deshalb begleitet von einer *Konflikt-Kultur*, die jeder Mitarbeiter lernen kann.

Vor Schaden bewahren

Das aber wird noch nicht reichen. Um sie in das Verhalten zu übernehmen, muss genau diese schwierige Aufgabe wirklich trainiert werden.

Topservice ist letztlich auch die Konzeption von Serviceleistungen, wie sie bisher in dieser Form noch gar nicht existierten. Dazu gehört ebenfalls die Entwicklung von Konzepten, die den erwünschten Kunden helfen, sich zu profilieren und mehr Klarheit für deren Erfolgsweg zu schaffen.

Konzepte entwickeln

Entsprechendes gilt naturgemäß auch für das Beschwerdemanagement und für die Reklamationskultur.

1. **Es ist besser, auf Service ganz zu verzichten, als schlechten zu leisten.**
2. **Es ist klüger, profiliert zu sein und nicht alles zu machen, als einen unübersichtlichen Bauchladen mit einem Sammelsurium-Sortiment zu haben.**
3. **Es ist intelligent zu entscheiden, ob man im Preiskampf die Führerschaft will – oder mit einem Hochpreiskonzept arbeitet.**

12.7 Eliminieren von Blindleistungen

Das »Milionengrab Verkauf« haben wir bereits in Kapitel 3 beschrieben. Hier geht es jetzt um die Beleuchtung von Blindleistungen, also jenen Fehlleistungen, die in der Verkaufsarbeit leicht entstehen und meist unerkannt ein »fröhliches« Dasein fristen.

Als *Blindleistungen* definieren wir alle Anstrengungen und Kosten, die nicht mittelbar oder unmittelbar zur Wertschöpfung beitragen.

Ursachen für Blindleistungen

Blindleistungen im Verkauf entstehen

- aus Fehleinschätzungen darüber, nach welchen Kriterien und Grundlagen die Kunden in Wirklichkeit über eine Zusammenarbeit entscheiden;

- aus Besuchen, die in Wahrheit nichts verändern und auch aus anderen Gründen wirkungslos sind (siehe Kapitel 3);

- aus nicht klar genug definierten und voneinander abgegrenzten MarktSpielen (siehe Kapitel 9);

- aus der Differenz von RollenSpiel (Verhalten) und MarktSpiel;

- aus MarktSpiel-Wechsel, z.B. vom bedarfsgestützten Beziehungsverkauf zum jagdorientierten Beratungsverkauf (bei technischen oder konzeptionellen Innovationen usw.);

- aus ungenügender Vorgehensklarheit z. B. in der Neukunden-Gewinnung oder im Versuch, mehr Potenziale zu erobern;

- aus lieblosen Angeboten und unprofessionellem oder fehlendem Nachfassen.

Ein Beispiel für Blindleistungen in Angebot und Nachfassen: dargestellt ist das Verhältnis von Potenzialen, erstellten Angeboten und tatsächlich realisierten Aufträgen.

Es geht also darum, mögliche oder tatsächliche Blindleistungen genau zu erfassen und ihre Ursachen mit dem Ziel zu erkennen, Fehlleistungen der oben beschriebenen Art in effizientere Vorgehensweisen umzuwandeln.

Die Präzisierung der Verkaufsprozesse nennen wir das. Die damit verbundenen Kostenreduzierungen bewegen sich meist im zweistelligen Bereich.

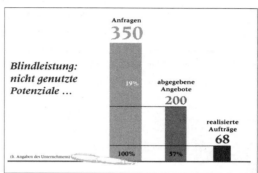

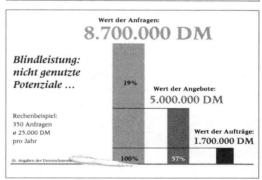

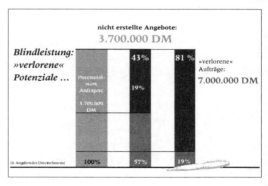

12.7 ELIMINIEREN VON BLINDLEISTUNGEN

12.8 Empfehlungskultur: Der Königsweg im Vertriebsmarketing

Kultur bedeutet Veredelung und damit verbunden ist, »etwas in eine gepflegte, verfeinerte Form zu bringen« (Duden). Genau darum geht es, auch im Verkauf. Sein »Ritterschlag« ist die Empfehlung. Sie kommt nicht von allein, sie muss erarbeitet und gewollt werden.

Voraussetzungen für Empfehlungen

Empfehlungen können nur auf der Basis gegenseitiger Bewusstheit entstehen, da auch Kunden (leider) jede Leistung als selbstverständlich betrachten, weil sie dafür bezahlen. Hinzu kommt, dass es eines hohen Reifegrades eines Menschen bedarf, die Leistungen anderer überhaupt wahrzunehmen und ihren Wert zu schätzen. Diese Wertschätzung ist die Basis aller Empfehlungen.

Das Hindernis auf diesem Weg besteht schon darin, dass wir uns alle leichter damit tun, Leistungen zu *ent*werten als wertzuschätzen.

Der Grund hierfür ist einfach: Wir wollen so wenig wie möglich bezahlen, also weniger Gegenwert erbringen müssen. »Erzählen Sie mir nichts, das haben die anderen auch ...«, hören die Verkäufer täglich, und irgendwann übernehmen sie diese Meinung und geben im Preis halt nach. Eigentlich müsste man künftigen Einkäufern schon in der Wiege als Erstes die Wörter »zu teuer« lehren, dann hätte man schon die Hälfte ihres späteren Berufserfolges in früher Kindheit vorbereitet ...

Selektive Wahrnehmung

Die Gehirnforschung bestätigt die Bereitschaft und Funktion des Gehirns zur selektiven Wahrnehmung. Damit ist auch verbunden, dass wir auf »negative« Nachrichten mehr reagieren als auf positive; sonst wäre der Erfolg der *Bild-Zeitung* wohl kaum möglich.

Was wir selbst leisten (müssen), wird von uns im Allgemeinen höher bewertet als das, was andere tun. Jeder glaubt, er arbeite hart. Noch deutlicher ausgedrückt: (Fast) jeder glaubt, nur er arbeite. Die Konsequenz aus dieser Erkenntnis ist einfach:

Wir müssen Leistungen, die ganz und gar nicht selbstverständlich sind, unseren Kunden klar und unter Verzicht auf Beifall heischendes Brimborium nennen.

Wie sonst soll der Kunde erkennen, was und warum er empfehlen soll?

Wollen wir also sichere und wirksame Empfehlungen, die nicht auf dem *Prinzip Zufall* beruhen, dann müssen wir jede Leistung ihrem Wert entsprechend darstellen und auch dafür eintreten, dass der Kunde dies ebenfalls wahrnimmt bzw. wahrnehmen will.

Es liegt in der Natur der Sache, dass dies nicht immer gelingt. Gerade deshalb ist es ja so außerordentlich wichtig, dies dort zu tun, wo es möglich und sinnvoll ist. Sonst versäumen wir Chancen ohne Ende, gewinnen so manche Schlacht – und verschenken den Sieg.

Eine gute Leistung, die nicht auch eine Empfehlung nach sich zieht, ist nur die Hälfte wert.

Es ist eigentlich ganz einfach: Eine bewusste Empfehlungsstrategie beginnt am Anfang des Akquisitionsprozesses und ist wesentlicher Teil des gesamten Verkaufs- und Leistungserstellungsprozesses (vgl. dazu das Buch von *Kerstin Friedrich: Empfehlungsmarketing*).

Die Empfehlungsstrategie

Dies bedeutet, dass man überall da, wo dies möglich und natürlich auch sinnvoll ist, dem Kunden sagt, man werde die Zusammenarbeit so gestalten, dass sie im besten Sinne des Wortes auch »empfehlenswert« ist. Daran muss man sich dann natürlich halten.

Dieser Spur muss man dann aber auch konsequent folgen. Bitte keine Angst davor, Kunden auf gute Arbeit aufmerksam zu machen und Empfehlungen zu erwarten!

Das Gleiche gilt für schriftliche »Quittungen« guter Leistungen: Wann immer der Kunde sich positiv äußert, sollte es festgehalten werden. Vielen Kunden fällt es nicht gerade leicht, Empfehlungsschreiben zu formulieren. Auch und gerade in diesem Zusammenhang sind sie dankbar, wenn man ihnen dabei hilft.

Der Aufbau eines »Empfehler«-Netzwerkes ist der Königsweg der Beziehungsgestaltung. Warum nur verzichten so viele Verkaufsorganisationen auf diese wohl wirksamste Art der positiven Differenzierung zum Wettbewerb?

Tue Gutes und lass darüber reden – dies gilt nicht nur für die PR-Arbeit, sondern in ganz besonderer Weise im Zusammenhang mit dem Aufbau einer neuen Verkaufskultur, die konsequent den Kunden in den Mittelpunkt stellt und den Verkauf sowie die Verkäufer positiv profiliert.

12.9 Die Zukunft des Verkaufs

Die Bedeutung des Internet

Keine Angst, eine Welt ohne Verkäufer wird es nicht geben! Selbstverständlich werden Internet und *electronic commerce* eine enorme Bedeutung bekommen. In Wahrheit aber werden sie doch nur die früheren Versandhauskataloge mehr oder weniger intelligent ablösen und ein nie gekanntes Auswahlspektrum für Produkte und Dienstleistungen schaffen.

Die tatsächlich größte Bedeutung hat das Internet insofern, als es den weltweiten Zugriff zu Informationen ermöglicht, was auch den regionalen Verkauf immer wieder neu belebt.

Für wirtschaftliche Schlafmützigkeit ist allerdings kein Raum mehr vorhanden, und viele Anbieter (Handel und Hersteller) haben in dieser neuen Ära keine großen Überlebenschancen.

Der Faktor Mensch

Gerade aber das Internet mitverursacht andererseits die Renaissance des Faktors »Mensch« im Verkauf wie anderswo. Das Bedürfnis nach menschlicher Zuwendung, nach Kontakt und guter persönlicher Betreuung und Beratung wird wieder drastisch zunehmen. Auch der noch immer sehr starke Neuheitswert des Internet wird sich wieder abflachen und relativieren.

Ohnehin war schon immer die erfrischende Zunahme der Medienlandschaft und nicht deren Einschränkung die Folge neuer und weltweiter Entwicklungen. Dem Kino prophezeite man durch das Fernsehen das Aus, dem Radio durch Fernsehen und Video und dem Fernsehen durch Home-Videos. Dem Buch schließlich prophezeite man das Aus durch Internet und CD-ROM.

Und was ist tatsächlich geschehen? Noch nie gab es eine solch ungeheure Flut von Fernsehprogrammen, Kinofilmen, Büchern (jährlich 80 000 Neuerscheinungen auf der Frankfurter Buchmesse!) und Video-Angeboten. Auch Theater und Konzertveranstaltungen aller Art leiden bekanntlich nicht gerade unter Besuchermangel.

Vor allem der Verkauf in den MarktSpielen 2, 3 und 4 mit den damit verbundenen Mischformen wird in Zukunft deutlich bereichert und interessanter werden. Natürlich werden nicht alle heutigen Vertriebs- und Verkaufsorganisationen die damit verbundenen Entwicklungen unbeschadet überstehen. Dies liegt in der Natur von Veränderungsprozessen. **Veränderungen im Verkauf**

Aber der Beruf des Verkäufers wird bestehen bleiben und zu einer neuen, strahlenden eigenen Identität finden. Denn »Verkaufen« als Überzeugungszuwendung war und ist zu wesentlichen Teilen selbst ein Fortschrittsmotor.

Dies trifft allerdings nicht auf das MarktSpiel 1, den bedarfsorientierten Verkauf, zu. Er wird sich prädestinieren für Internet und E-Commerce und benötigt statt des Verkäufers künftig deutlich mehr Angebots- und Sortimentsintelligenz, als wir dies heute für nötig halten. **Der bedarfsorientierte Verkauf**

Dies gilt auch für die Kaufhäuser wie überhaupt für den Flächenverkauf, wo dem Erlebniskauf in Verbindung mit themenzentrierter Sortimentsgestaltung die Zukunft gehören wird.

Wie sich der Lebensmittelhandel entwickelt, bleibt abzuwarten. Aber auch hier zeigen sich bereits neue, zukunftsweisende und differenzierte Konzepte mit hoher Logistik- und Marketingkompetenz, die jedoch mit der Art des Verkaufens, wie wir sie in diesem Buch behandeln, wenig oder nichts mehr zu tun haben.

Nicht nur bezogen auf das MarktSpiel des bedarfsorientierten Verkaufs, sondern auch in allen anderen MarktSpielen werden wir noch zu lernen haben, mit wesentlich mehr »Pricing«-Differenzierungen umzugehen. Aber dies ist ein anderes Thema.

Von besonderer Erfolgsbedeutung aber wird ohne Zweifel eine neue, bisher so nicht erforderliche Differenzierung werden: nämlich wie man sich nicht nur gegenüber dem Wettbewerb, sondern vor allem auch gegenüber den anonymen Angebotsformen (wie dem Internet) mit aktivem und über den Faktor »Mensch« positioniertem Verkaufsservice positiv und erfolgswirksam differenziert.

Der beste Service, den man Kunden in diesem Zusammenhang bieten kann, werden Verkäufer sein, mit denen es Freude macht, Präsentationen zu erleben und zusammenzuarbeiten.

Der Fachhandel

Der Fachhandel, oft wegen seiner Unbeweglichkeit gescholten, könnte so eine neue Blütezeit erleben. Dies aber nur dann, wenn er sich auf seine Beratungskompetenz und damit auf den aktiven Verkauf zurückbesinnt und gründlich Schluss damit macht, die Großanbietformen des Handels (Baumärkte, Kaufhäuser, Großfilialisten etc.) im Preiskampf überholen zu wollen.

Dazu gehört auch etwas Mut, denn der Handel muss sich dann von einigen nur schnäppchenjagenden und preisdrückenden Kunden auch mal verabschieden. Vor allem aber muss gerade der Fachhandel lernen, seine Leistungen intelligenter darzustellen, als dies heute geschieht. Tut er das nicht, verliert auf Dauer nicht nur er selbst die Lust, sondern er zwingt seine Lieferanten geradezu, über alternative Vertriebswege nachzudenken.

Home-Partys

Eine neue Generation Home-Party-gesteuerter Vertriebsformen wird ebenfalls die Verkaufslandschaft erfrischend bereichern. Diese werden künftig einerseits das Internet für professionelle Präsentationen nutzen, andererseits über den Aufbau von Netzwerken und mit intelligenter Beziehungsgestaltung Erstaunliches erreichen können. Vor allem dann, wenn sie auch Produkte oder Dienstleistungen bieten, die sich durch intelligente Begleitkonzepte von anderen abgrenzen und Erlebniswerte bieten, die den Bedürfnissen der kommenden Freizeitgesellschaft entsprechen.

Ganz generell aber wird der Verkauf in allen Unternehmen zur *Primus inter pares*-Aufgabe, also eine völlig andere Wertigkeit bekommen. Innendienst, Außendienst und Logistik werden zu systematischen Einheiten verschmelzen, wenngleich dies keinesfalls das so oft beschworene Ende des Einzelkämpfers sein wird.

Der Verkauf bekommt eine neue Wertigkeit

Diesen nämlich wird man auch künftig, wenn auch selektiver eingesetzt, immer noch und sogar verstärkt im Verkauf brauchen.

So unbestritten wertvoll Teamarbeit und gut zusammenwirkende Teams auch sind – man muss genau hinsehen, in welchem Zusammenhang und für welche zu lösenden Aufgaben dies zutrifft und welche Tätigkeiten der Einzelarbeit vorbehalten bleiben müssen, gerade in der anspruchsvollen Verkaufsarbeit.

Teamarbeit

Ein sicher etwas gewagter Vergleich soll verdeutlichen, was gemeint ist: Kann sich irgendjemand vorstellen, dass Mozart seine Musik im Team überhaupt oder gar besser hätte komponieren können? Oder dass Goethe seinen Faust im Team mit Schiller und anderen geschrieben hätte?

Was die Zukunft weder dem Vertriebsmarketing noch dem Verkauf verzeihen wird, sind verschwommene, unklare MarktSpiele und/oder unprofessionelle Umsetzungen durch z. B. mangelndes MarktSpiele- und fehlendes Rollenverständnis der Verkäufer, Hand in Hand mit fehlender, weil so nie trainierter Rollenkompetenz.

Natürlich gäbe es zu den angerissenen Themen noch vieles zu sagen. Dies ist aber nicht die Aufgabe dieses Buches, sondern kann und wird an anderer Stelle in der Fortsetzung der diesem Buch gewidmeten Inhalte geschehen.

Wichtig ist, dass in Zukunft eines unverzichtbar sein wird: *motivierte Menschen im Marketing und im Vertriebsprozess*, die den Erfolg vom Zufall befreien und die stolz auf das sind, was sie für andere tun.

13. Zusammenfassung: Alpha Keys im Customing-System

Die Präzisierung der Verkaufsprozesse

Grundlage für die Präzisierung der Verkaufsprozesse ist die Differenzierung der Verkaufsmethodik in unterschiedlichen Geschäftsfeldern. *Die Konkretisierung des MarktSpiels* nennen wir das.

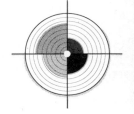

Es zeigt kristallklar die erforderliche Entwicklung in Verkauf, Service und Sales-Force mit dem Ziel, die gleiche »Verfahrensqualität« zu erreichen, wie sie heute z. B. auch in Produktionsprozessen üblich ist.

Mehr Freude am Verkauf ist z.B. ein Ergebnis dieser Strategie.

> **Die Lösung: Difference-Modelling für das MarktSpiel, den Verkaufseinsatz und die Kunden.**

Potenziale intelligent gewinnen

Ein wichtiger Schlüssel, um den Erfolg des Verkaufs vom Zufall zu befreien, heißt: Partnerschaftliches Kommunikations-Marketing. Es öffnet unseren Kunden die Marktpotenziale, die sie bisher trotz aller Bemühungen nicht erreichten. *ParKoM* nennen wir das Verfahren.

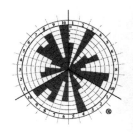

Die dabei gewonnenen Erkenntnisse übertragen wir dann auf die Verkaufsarbeit des Unternehmens mit dem Ziel, den Akteuren des Verkaufs und der Servicebereiche die entsprechende Rollenkompetenz und das Know-how für die Umsetzung zu vermitteln.

Die Lösung: ParKoM – Partnerschaftliches Kommunikations-Marketing, Marketing-Struktur- und Erwartungs-Differenz-Analyse.

Eliminieren von Blindleistungen im Verkauf

Der Weg zur Ausschaltung von Blindleistungen besteht darin, die Verkaufsprozesse in Bezug auf Besuchseffizienz, Potenzialeroberung, Serviceleistungen zu präzisieren und die Abläufe im Zusammenspiel von Innendienst und Außendienst zu optimieren.

Durch die Bewusstmachung dieser Wertepotenziale werden Blindleistungen eliminiert, die Effizenz der Sales-Force überzeugend gesteigert und die Kosten der Vertriebsarbeit im Verkauf drastisch, oft im zweistelligen Prozentbereich, gesenkt.

Die Lösung: *Potenzialwert*-Methode.

Raus aus der Vergleichbarkeit

Nicht nur Produkte und Dienstleistungen, sondern auch der Verkauf und die Verkäufer stehen im Wettbewerb.

Zwei Wege führen zu neuem Profil:
1. **Das Energy-Argumentations-System *Alpha Keys*®** für kraftvolle Präsentationen. Vor allem im Verkaufsgespräch.
2. **Das *Denklabor Kundenintegration* zur Entkrampfung des Preiskampfes macht auch den Service (wieder) zur Quelle der Wertschöpfung.**

Die Wirkung: *Sales Dynamik*® – im Wettbewerb gewinnen.

Die menschliche Seite des Erfolgs

Auf der Basis eines klar konzipierten MarktSpiels erhält auch die menschliche Seite des Erfolgs eine neue Dimension, z. B. durch

- Energy-Keys: die Gestaltung des persönlichen Erfolgs im Verkauf;
- MarktSpiel-gerechtes System-Training: das neue, potenzial-aktivierende Kompetenz-Training für Verkauf und Verkaufs-Coaching.

Die Wirkung: *Sales conjoy*® – mehr Freude am Verkauf.

Unser Service für Ihre Themen

Bitte füllen Sie den unten stehenden Fragebogen sorgfältig aus. Vergessen Sie nicht, Ihren Namen und Ihre Adresse einzutragen.

Kopieren Sie dann die Seiten, und faxen Sie uns diese zurück. Wir werden uns dann umgehend mit Ihnen in Verbindung setzen und Ihnen erste Blickpunkte für eine mögliche Lösung geben.

Peter Grimm Marketing GmbH
Mühlbachring 6a
83043 Bad Aibling
Telefon: 08061 / 90 61 - 0,
Fax: 08061 / 90 61 61;
Email: info@petergrimm.de,
Internet: http://www.petergrimm.de

Firma:	
Bereich: (od. Produkt/Leistung)	
Name(n):	
Datum:	Geschäftsleitung: ☐ Führung: ☐ Verkauf: ☐

**Thema 1: Die Präzisierung der Verkaufsprozesse
Difference-Modelling für MarktSpiel, Verkaufseinsatz
und Kunden**

Uns interessiert in diesem Zusammenhang besonders:

- ☐ Wie die Präzisierung des MarktSpiels die Effizienz des Verkaufs überzeugend steigert.

- ☐ Wie Erfolgs-Modelling und »Rollen«-Differenzierung die Erfolgsfähigkeiten von Verkäufern überzeugend aktivieren.

- ☐ Wie das Verhältnis zwischen Angeboten und Verkaufsabschlüssen oft im zweistelligen Prozentbereich verbessert werden kann.

**Thema 2: Potenziale intelligent gewinnen
ParKoM – Partnerschaftliches Kommunikations-
Marketing**

Uns interessiert in diesem Zusammenhang besonders:

- ☐ Wie vor allem solche Kunden zu gewinnen sind, die sich bisher einer Zusammenarbeit trotz intensiver Bemühungen »verweigerten« – und was der Verkauf dabei lernen kann.

- ☐ Wie bei bestehenden Kunden die Potenzial-Ausschöpfung deutlich gesteigert werden kann.

- ☐ Wie bestehende Kunden unser MarktSpiel sehen und welche Zusammenhänge mehr beachtet werden müssen.

- ☐ Wie auf wirklich entscheidungsrelevante Kunden-Themen gesetzt wird und Kosten, die zu nichts führen, verhindert werden.

Thema 3: Eliminieren von Blindleistungen im Verkauf
Potenzialwert-Methode

Uns interessiert in diesem Zusammenhang besonders:

- ☐ Wie z.B. die Kosten für Kundenbesuche entweder drastisch gesenkt werden oder aber entscheidend mehr Effizienz und Erfolg bringen können.

- ☐ Wie Customing-Prozess-Analysen versteckte Kosten aufdecken, ohne den Verkauf zu demotivieren, und welche Potenziale das Pareto-Prinzip in Wahrheit besitzt.

- ☐ Wie Blockierungen zwischen Innen- und Außendienst und anderen Instanzen aufgelöst werden und was echte Teamarbeit erzeugt.

Thema 4: Raus aus der Vergleichbarkeit
Sales Dynamik – im Wettbewerb gewinnen

Uns interessiert in diesem Zusammenhang besonders:

- ☐ Wie »Key-Account« aufgebaut werden muss, um im Wettbewerb als »einzigartig« zu gelten.

- ☐ Wie die übliche – und deshalb oft wirkungslos vergleichbar gewordene – Nutzen-Argumentation durch die *Alpha Key*-Technik bedeutungsscharf wird.

- ☐ Was das *Denklabor Kundenintegration* ist, wie es funktioniert und welche atemberaubenden Vorteile es bringt.

Thema 5: Die menschliche Seite des Erfolgs
Sales Conjoy – mehr Freude am Verkauf

Uns interessiert in diesem Zusammenhang besonders:

- ☐ Was *Energy-Keys* sind – und was sie in Bezug auf die Aktivierung menschlicher Potenziale so faszinierend macht.

- ☐ Was im Verkaufstraining echt schadet – und was ein *MarktSpiel-gerechtes System-Training* anders und um Klassen besser macht.

- ☐ Wie man menschliche Potenziale und Stärken erkennt, sie richtig fördert und sie erfolgswirksam einsetzt.

Verzeichnis der als eingetragene Warenzeichen geschützten Begriffe

Alpha Key®
= Erarbeitung und argumentative Aufbereitung von Differenzierungsmerkmalen im **Customing®**-Argumentations-System.

Customing® – den Erfolg vom Zufall befreien
= Das konzeptionelle BetriebsSystem des Verkaufs.

Difference-Modelling®
= Die methodische Kernkompetenz im **Customing®**-System.

KVT®
= Kombiniertes Verkaufs-Training. Beweisführendes und erfolgsrealisierendes Verhaltenstraining in der Praxis.

ParKoM®
= Partnerschaftliches Kommunikations-Marketing, die methodische Grundlage zur intelligenten Potenzialgewinnung.

Potenzialfeld-Analyse®
= Die Kompetenz- und Fähigkeitsanalyse für Verkauf und Verkäufer.

Sales Conjoy®
= Mehr Freude am Verkauf.

Sales Dynamik®
= Die MarktSpiel-konzentrierte Entwicklung des Verkaufs.

Literaturverzeichnis

Altmann, Hans Chr. u. a.: *Zukunft Verkauf. Neue Wege für Ihren Erfolg.*
  Würzburg: Max Schimmel, 1995
Berry, Leonard L.: *Top-Service. Im Dienst am Kunden.* Stuttgart:
  Schäffer Poeschel, 1996
Berth, Rolf H.: *Aufbruch zur Überlegenheit.* Düsseldorf: Econ, 1994
Birkenbihl, Vera F.: *Stroh im Kopf? Gebrauchsanleitung fürs Gehirn.*
  Offenbach: Gabal, 1999
Blanchard, Kenneth / Bowles, Sheldon: *Wie man Kunden begeistert. Der
  Dienst am Kunden als A und O des Erfolges.* Reinbek: Rowohlt, 1994
Bullinger, Hans-Jörg (Hrsg.): *Dienstleistung für das 21. Jahrhundert.*
  Stuttgart: Schäffer Poeschel, 1997
Duden: *Bedeutungswörterbuch.* Mannheim, Wien, Zürich:
  Bibliografisches Institut, 1985
Friedrich, Kerstin: *Empfehlungsmarketing.* Offenbach: Gabal, 1997
Geffroy, Edgar: *Abschied vom Verkaufen.* Frankfurt: Campus, 1997
Gerken, Gerd: *Besser verkaufen ohne Strategie. Der befreite Verkäufer.*
  Düsseldorf: Econ, 1994
Hammer, Michael: *Das prozesszentrierte Unternehmen.* Frankfurt:
  Campus, 1997
Herrmann, Ned: *Kreativität und Kompetenz. Das einmalige Gehirn.*
  Fulda: Paidia, 1991
Koch, Richard: *Das 80/20-Prinzip. Mehr Erfolg mit weniger Aufwand.*
  Frankfurt: Campus, 1998
Mewes, Wolfgang: *Die EKS Strategie.* 36 Hefte. Frankfurt: FAZ 1990-91
  (Neuer Lehrgang ab 1998 ff.)
Pöppel, Ernst: *Grenzen des Bewußtseins.* Frankfurt: Insel, 1997
Ries, Al / Trout, Jack: *Die 22 unumstößlichen Gebote im Marketing.*
  Düsseldorf: Econ, 1993

Preißner, Andreas: *Den Preiskampf gewinnen. Erfolg in heiß umstrittenen Märkten.* Frankfurt: Campus, 1998

Schwertfeger, Bärbel: *Der Griff nach der Psyche.* Frankfurt: Campus, 1998

Sprenger, Reinhard K.: *Mythos Motivation.* Frankfurt: Campus, 1991

Staminski, Wolfgang: *Mythos Kundenorientierung. Was Kunden wirklich wollen.* Frankfurt: Campus, 1998

Stevens, Howard/Cox, Jeff: *Jenseits des Bermuda-Dreiecks. Der Roman über das Geheimnis des Verkaufserfolgs.* Landsberg: moderne industrie, 1991

Wagner, Hubert: *Die Wiederentdeckung des Verkäufers.* München: Gerling Akademie Verlag, 1998

Stichwortverzeichnis

Alleinstellung 121
Alpha Keys 194
Angebotsbreite 178
Angebotskultur 180
Basis-Leistungen 34
Basis-MarktSpiele 88
Basis-RollenSpiele 162, 163, 165
Bedarfsformung 114
Bedarfsgerechtes Verkaufen 98
Bedarfslenkung 114
Bedarfsorientiertes MarktSpiel 90
Begeisterungs-Leistungen 34
Beratungsfalle 95
Beratungsorientiertes MarktSpiel 93
BetriebsSystem 42, 75
Beziehungsorientiertes MarktSpiel 92
Blindleistungen 42, 43, 45, 184
Bürokratismus 56, 57
Coaching 55
Customing 70, 77
Difference-Modelling 77
Ego 157
Einsatz-Tendenz-Profil 168
Emotion 111
Emotionale Intelligenz 154
Empfehlungs-Kultur 186, 187
Empfehlungsstrategie 187
Entwickler 165

Erfolg 63
Erfolgsgesetze 68
Ergebniskonzentriertes Verkaufen 98
Erwartungs-Differenz-Analyse 139
Extrovertierung 120
Gauß'sche Normalverteilung 153
Gesetz der Entscheidung 68
GrundSpiele 173, 175
Hardselling 97
Home-Party 190
Hygienefaktoren 183
Ich 157
Ideen 70
Incentives 22
Innere Kündigung 72
Innovation 70
Innovationshöhe 89
Internet 188
Introvertierung 120
Jagdorientiertes MarktSpiel 97
Jäger 166
Kauf-Antrag 32
Kombiniertes Verkaufs-Training 142, 143, 145, 147, 149
Kommunikation 76
Kontakter 164
Kontaktintensives Verkaufen 98
Konzeptionelles Verkaufen 98

Kundenbefragungen 133
Kundenbesitz 49
Kundenintegration 35
Kundenorientierung 35
Kundenverantwortung 54
Markenprodukte 93
Marketing-Struktur-Analyse 138
MarktSpiel 70, 83
MarktSpiel-Differenz-Modell 100
MarktSpiel-Intelligenz 179
MarktSpiel-Profil 140
MarktSpiel-Tendenz-Profil (MTP) 123, 125
Modelling 66
Nachfasskultur 181
Paradigmenwechsel im Verkauf 17
Pareto-Prinzip 151
ParKoM 137, 138
Partnerschaftliches Kommunikations-Marketing 137, 138
Personalentwickler 24
Persönlichkeit 156
Potenzialfeld-Analyse 146
Präzision 64
Preiskampf 91
Profil 179
Profilierung 119
Punkt der Wertschöpfung 85, 87, 89
Ratio 111

Regieanweisung 159
Rolle(n) 157
Rollen-Entwicklung 159
Rollenkompetenz 158, 174
RollenSpiel 156, 157, 159, 161, 173
Rollenverständnis 156, 157, 159, 161, 174
Selbst 157
Service 32, 33
Sortimentsgestaltung 178
Spielregeln zum Aufbau einer Verkaufskultur 50
Sympathie-Leistungen 34
TätigkeitsNeutrale Verhaltensfelder 169
Teamarbeit 191
Teamselling 58
Top-Service 182
Vergleichbarkeit 121
Verhaltens-Tendenz-Profil (VTP) 123, 127
Verkäufer 150
Verkäufer-Image 26
Verkaufs-Anspruch (VKA) 123, 126
Verkaufserfahrung 24
Verkaufskultur 21
Verkaufstraining 23
Vernichtungswettbewerb 19
Verwalter 163
Verzettelung 57, 178
Vorstellungen 158
Weiterbildung 38, 41

Customing®
Den Erfolg vom Zufall befreien.

Der **Verkauf**
braucht
mehr Präzision
ein neues Image,
eine neue Identität

Die neue Dimension für Verkauf
und Verkaufsmanagement.

Peter Grimm Customing®
www.customing.de

Eliminieren
von Blindleistungen
im Verkauf.

Die Präzisierung
der Verkaufs-
prozesse.

Customing®
Das konzeptionelle
BetriebsSystem des Verkaufs.

Potentiale
intelligent
gewinnen.

Raus aus der
Vergleichbarkeit.

Die menschliche
Seite des Erfolgs.

Customing® gibt es in Form von Lizenzen für Unternehmen,
Consulter und Trainer. Und natürlich für Vertriebsentwicklung
und Training in Zusammenarbeit mit Peter Grimm.

»Spitzentrainer der deutschen Wirtschaft mit ihren Zukunftsthemen übersichtlich in einem Band, mit Fotos und Kurzporträts.«

»Auf dem Weg ins 21. Jahrhundert geben diejenigen den Ton an, die auf Kopfarbeit setzen und Kreativität und Wissen zu nutzen verstehen.«

Zukunftsmanagement

Trainings-Perspektiven für das 21. Jahrhundert
gebunden, 272 Seiten,
s/w-Abbildungen und Grafiken
ISBN 3-930799-79-0

Walter Simon
Lust aufs Neue
Werkzeuge für das Innovationsmanagement
gebunden, 256 Seiten
Illustrationen und Grafiken
ISBN 3-89749-025-0

»Schluss mit dem negativen Image des Verkaufs!«

»Erfüllen Sie sich Ihren Wunschtraum von einem erfolgreichen und glücklichen Leben!«

Peter Grimm
Der verratene Verkauf
Warum der Verkauf eine neue Identität braucht und wie er den Erfolg vom Zufall befreit
gebunden, 208 Seiten,
zahlreiche Grafiken
ISBN 3-89749-058-7

Brian Tracy
Luckfactor
Die Gesetze des Erfolges
gebunden, 256 Seiten,
zahlreiche Übungen und
Erfolgsgesetze
ISBN 3-89749-059-5